SOS 스페인어
말하기 첫걸음

왕초보 탈출
프 로 젝 트
1

S 시원스쿨닷컴

시원스쿨 SOS 스페인어 말하기 첫걸음

왕초보 탈출 프로젝트 1탄

초판 26쇄 발행 2020년 2월 20일
개정 11쇄 발행 2023년 5월 31일

지은이 권진영·시원스쿨스페인어연구소
펴낸곳 (주)에스제이더블유인터내셔널
펴낸이 양홍걸 이시원

홈페이지 www.siwonschool.com
주소 서울시 영등포구 국회대로74길 12 시원스쿨
교재 구입 문의 02)2014-8151
고객센터 02)6409-0878

ISBN 979-11-6150-317-2
Number 1-511111-17171706-02

SOS 스페인어

말하기 첫걸음

권진영·시원스쿨스페인어연구소 지음

왕초보 탈출
프 로 젝 트

1

S 시원스쿨닷컴

Contents

Ready

목차	004
스페인어 주요 특징	010
파닉스 & 기초 품사	014

PARTE 01

Yessi는 선생님이야.
'나는 ~이다' 말하기

1. 나는 학생입니다. Yo soy estudiante. — 026
2. 우리(남자)들은 학생들입니다. Nosotros somos estudiantes. — 032
3. 나는 (남자) 의사입니다. Yo soy médico. — 040
4. 나는 한국인(남자)입니다. Yo soy coreano. — 048
5. 나는 예쁩니다. Yo soy guapa. — 056
6. (나는) 학생입니다. Soy estudiante. — 064

PARTE 02

Yessi는 아파.
상태 및 위치 말하기

7. 나는 피곤합니다. Estoy cansado. — 076
8. 우리들은 피곤합니다. Estamos cansados. — 084
9. 나는 집에 있습니다. Estoy en casa. — 090
10. ser, estar 동사 복습하기 — 098

PARTE 03

Yessi는 스페인어를 말해.
-ar 동사 현재시제 규칙 변화 형태 말하기

11. 나는 스페인어를 말합니다. Hablo español. — 110
12. 우리들은 영어를 말합니다. Hablamos inglés. — 118

PARTE 04

Yessi는 탱고를 배워.
-er / -ir 동사 현재시제 규칙 변화 형태 말하기

13. 나는 탱고를 배웁니다. Aprendo tango. — 130

14. 우리들은 탱고를 배웁니다. Aprendemos tango. 138

15. 나는 서울에 삽니다. Vivo en Seúl. 146

PARTE 05

Yessi는 행복하게 살려고 스페인어를 배워.

동사 원형을 활용하여 문장 말하기

16. 나는 행복하게 살려고 스페인어를 배웁니다. 158
   Aprendo español para vivir felizmente.

17. 나는 여행하기 위해 돈 버는 것이 필요합니다. 166
   Necesito ganar dinero para viajar.

18. 행복하게 사는 것은 중요합니다. Vivir felizmente es importante. 174

19. 규칙 동사 및 동사 원형 쓰임 복습하기 182
   Hablo… Como… Vivo…

PARTE 06

Yessi는 너를 사랑해.

~을(를) ~에게 - 직접·간접목적격 대명사를 활용하여 말하기

20. 나는 너를 사랑한다. Te amo. 196

21. 나에게 물을 주시겠어요? ¿Me da agua, por favor? 204

22. 너희에게 원빈을 소개할게. Os presento a 원빈. 212

PARTE 07

Yessi는 커피를 마시고 있는 중이야.

현재분사를 활용하여 문장 만들기

23. 나는 커피를 마시는 중입니다. Estoy tomando café. 224

24. 나는 커피를 마시면서 스페인어를 공부합니다. 232
   Estudio español tomando café.

PARTE 08

Yessi는 스페인을 여행할 거야.

'ir 동사'를 활용하여 말하기

25. 나는 쉬려고 집에 갑니다. Voy a casa para descansar. 244

26. 나는 스페인어를 공부할 것입니다. Voy a estudiar español. 252

PARTE 09

Yessi는 어디에서 스페인어를 가르쳐?

의문사를 활용하여 의문문 만들기

27. 너는 어디에서 스페인어를 배우니? ¿Dónde aprendes español? 264

28. 너는 누구와 스페인어를 공부하니? ¿Con quién estudias español? 272

이 책의
구성 & 활용법

STEP 1 지난 시간 복습

잠깐! 다시 떠올려 볼까요?

전 시간에 배운 내용을 복습하는 코너입니다. 꼭 필요한 내용과 주요 문장들을 확인하여 한 번 더 기억하도록 하세요.

오늘도 하나씩 쌓아 가기!

오늘의 숫자와 표현, 단어를 살펴보면서 본 학습을 시작하기 위해 준비하는 단계입니다. 이 코너를 통해 그날 학습할 내용을 미리 익혀 보세요.

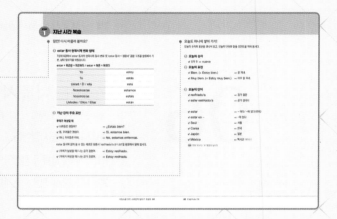

STEP 2 오늘의 학습

오늘은 무엇을 배워 볼까요?

핵심 내용을 학습합니다. 꼭 필요한 핵심 내용을 배운 후, 한국어 문장을 보고 스페인어로 말해 보세요. 이 코너에서는 말을 하는 것이 포인트입니다. '툭' 치면 바로 말이 튀어나올 때까지 큰 소리로 연습해 보세요.

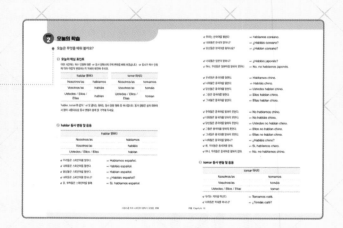

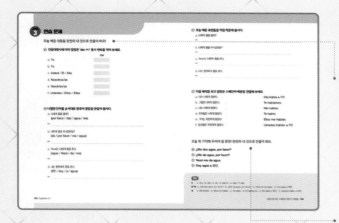

STEP ③ 연습 문제

오늘 배운 내용을 완전히 내 것으로 만들어 봐요!

다양한 유형의 문제를 풀어 보면서 배운 내용을 점검할 수 있습니다. 틀린 문제를 중심으로 보완해야 할 점을 파악하여 완벽하게 스페인어를 마스터해 보세요.

오늘 꼭 기억해 두어야 할 문장!

Capítulo에서 배운 문장 중, 반드시 기억해야 할 문장들만 선별하였습니다. 문장을 보면서 그날 배운 내용을 상기하고, 핵심 내용을 머릿속으로 정리해 보세요.

따라 써 보기, 어휘 체크

중간중간 등장하는 '따라 써 보기'와 '어휘 체크' 코너를 통해 본문에서 익혔던 문장과 어휘를 간단하게 확인해 보세요. 부담스럽지 않은 분량으로 짧고, 쉽게 체크할 수 있습니다.

주요 문장 한번 더 짚고 가기!

해당 PARTE에서 중점적으로 학습한 내용을 바탕으로 주요 문장을 선정하였습니다. 기억의 망각 곡선에 따라 학습 내용이 잊히지 않도록 주요 문장과 더불어 학습 내용을 반복 정리해 보세요.

쉬어 가기

스페인의 여러 가지 문화를 접할 수 있도록 축제, 국가, 관광지 등을 골자로 하여 소개하는 코너입니다. 정보와 재미를 동시에 챙겨 보세요.

SOS 스페인어 말하기 첫걸음
NEW 개정판 특징

얼마든지 독학이 가능한 교재!

혼자서도 충분히 스페인어를 정복할 수 있도록 학습 단어, 필수 팁, 연습 문제, 따라 쓰기, 주요 문장, 문화 코너 등 다양한 요소를 충실히 보강했습니다. 새로 배울 단어를 미리 보고, 꼭 필요한 팁을 통해 사소한 내용도 놓치지 않도록 보완했으며, 스페인과 관련된 여러 가지 읽을거리로 재미까지 잡았습니다. 또한 다양한 유형의 문제로 쓰기 연습과 어휘 체크는 물론, 학습이 더 필요한 부분을 정확하게 확인할 수 있도록 구성했습니다.

쉽고 체계적인 新 스페인어!

스페인어는 쉽고 재미있게 배워야 합니다. 그래야 끝까지 배울 수 있습니다. 기초를 어렵게 배우면 중도 포기하게 됩니다. 시원스쿨 스페인어는 관사부터 다루는 기존 스페인어 학습 방법을 완전히 뒤집어, 바로 말이 튀어나오는 쉽고 체계적인 커리큘럼을 구성했습니다. 시원스쿨이 여러분의 스페인어 학습에 날개를 달아 드리겠습니다.

꼭 필요한 핵심만 쏙쏙 골라서 바로 말이 된다!

학습할 내용이 많다고 스페인어를 말할 수 있을까요? 시원스쿨 스페인어는 문법 내용을 중구난방 늘어 놓지 않습니다. 여러분의 발목을 잡았던 복잡한 문법은 말끔히 잊고, 핵심만 딱 짚어서 말하기가 바로 되는 비법을 제시해 드리겠습니다.

한국어:스페인어 1:1 대응 학습법!

한국어만 알아도 스페인어를 배울 수 있도록 한국어와 스페인어를 1:1로 대응시켰습니다. 예를 들어, 성수 구분과 같은 어려운 내용을 쉽게 알려 드리기 위해 최대한 스페인어에 가깝게 한국어를 해석했습니다. 한국어를 아는 분이라면 누구든지 쉽게 스페인어를 배우실 수 있습니다.

콘텐츠의 탁월한 연계성!

배웠던 문장은 다음 내용을 배울 때 응용되어야 합니다. 그래야 반복이 되고 비로소 진짜 자신의 문장이 되기 때문입니다. 시원스쿨 스페인어는 새로운 내용만 쏟아 내기보다는 앞에서 배운 내용을 뒤에서 연결시키면서 복습과 학습을 동시에 할 수 있도록 고안되었습니다. 내용을 연계해 가며 핵심 원리를 끊임없이 반복함으로써, 별다른 노력 없이 자연스럽게 스페인어를 여러분의 것으로 만들 수 있습니다.

SOS 스페인어
말하기 첫걸음
학습 플랜

1개월 '초스피드' 학습 플랜

짧고 굵게 스페인어를 배우고 싶으신 분, 하루에 1시간~2시간을 투자하실 수 있는 분들을 위한 **1개월 단기 완성** 학습 플랜입니다.

월	화	수	목	금
파닉스	PARTE 1 1, 2강	PARTE 1 3강	PARTE 1 4, 5강	PARTE 1 6강
PARTE 2 7강	PARTE 2 8, 9강	PARTE 2 10강	PARTE 3 11, 12강	PARTE 4 13강
PARTE 4 14강	PARTE 4, 5 15, 16강	PARTE 5 17강	PARTE 5 18, 19강	PARTE 6 20강
PARTE 6 21, 22강	PARTE 7 23, 24강	PARTE 8 25강	PARTE 8, 9 26, 27강	PARTE 9 28강

2개월 '차근차근' 학습 플랜

차근차근 스페인어를 배우고 싶으신 분, 두 달 동안 꾸준히 시간을 투자하실 수 있는 분들을 위한 **2개월 완성** 학습 플랜입니다.

월	화	수	목	금
파닉스	PARTE 1 1강	PARTE 1 2강	PARTE 1 3강	1~3강 복습
PARTE 1 4강	PARTE 1 5강	PARTE 1 6강	4~6강 복습	PARTE 2 7강
PARTE 2 8강	7~8강 복습	PARTE 2 9강	PARTE 2 10강	9~10강 복습
PARTE 3 11강	PARTE 3 12강	11~12강 복습	PARTE 4 13강	PARTE 4 14강
월	**화**	**수**	**목**	**금**
PARTE 4 15강	13~15강 복습	PARTE 5 16강	PARTE 5 17강	PARTE 5 18강
PARTE 5 19강	16~19강 복습	PARTE 6 20강	PARTE 6 21강	PARTE 6 22강
20~22강 복습	PARTE 07 23강	PARTE 7 24강	23~24강 복습	PARTE 8 25강
PARTE 8 26강	25~26강 복습	PARTE 9 27강	PARTE 9 28강	27~28강 복습

스페인어 주요 특징

안녕하세요, 여러분!

《SOS 스페인어 말하기 첫걸음 개정 1탄》에 오신 여러분을 환영합니다! 본 강의에 앞서, 스페인어를 처음 접하시는 분들을 위해서 꼭 알아야 할 스페인어 주요 특징들을 간략하게 정리해 보았습니다. 살펴보면서 스페인어에는 어떤 특징이 있는지 알아보도록 해요!

---

❶ 음절 분해

한 번에 발음할 수 있는 소리 단위를 '음절'이라고 하며, 한 개의 단어는 한 음절 이상으로 구성되어 있어요. 음절의 중심은 항상 모음(a, e, i, o, u)이기 때문에 모음에 강세를 주어야 하며, 자음은 단독으로 음절을 구성할 수 없습니다.

❷ 모음

모음은 3개의 강모음(a, e, o)과 2개의 약모음(i, u)으로 구성됩니다. 강모음과 약모음을 구분해 두면, 이중모음을 쉽게 구분할 수 있어요. 음절 분해는 올바르게 단어에 강세를 주기 위해 유용하게 쓰이니 꼭 기억하세요!

a	e	i	o	u
[아]	[에]	[이]	[오]	[우]

❸ 이중모음

음절을 분해할 때 이중모음 및 삼중모음은 한 개의 모음으로 간주되기 때문에 한 음절로 구성됩니다. 그러나 강모음(a, e, o)끼리는 이중모음으로 결합되지 않기 때문에 서로 분리되어 단독의 음절을 구성합니다.

강모음 + 약모음	약모음 + 강모음	약모음 + 약모음
a, e, o + i, u	i, u + a, e, o	i, u + u, i
ai, au, ei, eu, oi, ou	ia, ie, io, ua, ue, uo	iu, ui
📧 ai/re 공기, au/tor 작가	📧 pia/no 피아노, a/gua 물	📧 ciu/da/da/no 시민

TIP 이중모음에서 약모음에 강세가 오면 두 음절로 분리해서 읽어야 합니다.
　　📧 dí/a 날, 일

④ 삼중모음

삼중모음은 하나의 음절로 구성됩니다.

iai	iei	uai	uei

🇪 Pa/ra/guay 파라과이, buey 수소, 황소

⑤ 이중자음

이중자음(bl, cl, fl, gl, pl, br, cr, dr, fr, gr, pr, tr)도 한 개의 자음으로 간주되기 때문에 분리되지 않습니다. 꼭 기억하세요.

bl-	cl-	fl-	gl-	pl-	br-	cr-	dr-	fr-	gr-	pr-	tr-

🇪 blan/co 하얀색, plu/ma 만년필, ki/lo/gra/mo 킬로그램, tra/ba/jo 일

⑥ 관사

1. 정관사

스페인어 정관사는 영어의 'the'에 해당하며, 하나의 명사를 다른 명사와 구별하여 대표성을 부여하거나 구체적이고 특정한 명사를 가리킬 때 사용됩니다. 남성 정관사 'el(단수)', 'los(복수)'와 여성 정관사 'la(단수)', 'las(복수)'가 있어요.

	남성	여성
단수	el	la
복수	los	las

2. 부정관사

스페인어 부정관사는 영어의 'a/an'에 해당하며, 불특정한 대상을 가리킵니다. 주로 '어느 ~, 한 ~, 하나의 ~'이라는 뜻으로 쓰이는데, 복수로 쓰일 때는 '몇몇의 ~'라는 뜻으로도 해석됩니다. 남성 부정관사 'un(단수)', 'unos(복수)'와 여성 부정관사 'una(단수)', 'unas(복수)'가 있습니다.

	남성	여성
단수	un	una
복수	unos	unas

7 명사의 성, 수

1. 명사의 성

남성명사는 '아버지, 남자아이, 아들'과 같이 자연적으로 남성을 나타내는 모든 명사와 끝이 -o로 끝나는 남성명사들이 있어요. 여성명사는 '어머니, 여자아이, 딸'과 같이 자연적으로 여성을 나타내는 모든 명사와 끝이 -a, -ción, -sión, -d로 끝나는 여성명사들이 있어요. 남성명사인 경우 끝이 -o로 끝나고, 여성명사인 경우 -a로 끝나는 경우가 대부분이므로 꼭 기억해 주세요.

남성 el				여성 la			
-o				-a, -ción, -sión, -d			
hermano 남자 형제	niño 남자아이	hijo 아들	libro 책	niña 여자아이	hija 딸	ciudad 도시	estación 계절, 역

남녀 공용			
-ista, -ante, -ente			
pianista 피아니스트	turista 관광객	estudiante 학생	cliente 고객

TIP 예외: el mapa 지도, la mano 손, el idioma 언어, el problema 문제, la foto(grafía) 사진 등

2. 명사의 수

명사는 복수로 만들 때, 끝이 자음으로 끝나면 -es를 붙여 복수를 만들고, 모음(a, e, i, o, u)으로 끝나면 -s만 붙여 복수를 만듭니다.

자음으로 끝나는 명사	모음으로 끝나는 명사
-es	-s
Ej profesores, papeles, ciudades	Ej hermanos, casas, palabras

⑧ 형용사의 성, 수 일치

1. 형용사의 성

명사는 복수로 만들 때, 끝이 자음으로 끝나면 -es를 붙여 복수를 만들고, 모음(a, e, i, o, u)으로 끝나면 -s만 붙여 복수를 만듭니다.

2. 형용사의 수

명사의 경우와 동일하게, 끝이 자음으로 끝나면 -es를 붙여 복수를 만들고, 모음으로 끝나면 -s만 붙여 복수를 만듭니다.

3. 형용사의 성, 수 일치

형용사는 명사의 성과 수에 따라 항상 일치시켜야 합니다.

예 un perro blanco　➡ unos perros blancos　하얀 개들
　una casa pequeña　➡ unas casas pequeñas　몇 작은 집들

파닉스 & 기초 품사

스페인어 주요 특징 잘 살펴보셨나요?

지금 배울 '파닉스&기초 품사'는 본 강의에 앞서 스페인어의 알파벳, 발음, 강세 그리고 기초 품사(인칭대명사, 의문사)를 학습하는 준비 강의입니다. 하나씩 차근차근 살펴봅시다!

❶ 알파벳 alfabeto

한번에 발음할 수 있는 소리 단위를 '음절'이라고 하며, 한 개의 단어는 한 음절 이상으로 구성되어 있습니다. 음절의 중심은 항상 모음(a, e, i, o, u)이기 때문에 모음에 강세를 주어야 하며, 자음은 단독으로 음절을 구성할 수 없습니다.

A(a) 아	B(b) 베	C(c) 쎄	(CH)(ch) 체	D(d) 데	E(e) 에
F(f) 에(f)페	G(g) 헤	H(h) 아체	I(i) 이	J(j) 호따	K(k) 까
L(l) 엘레	(LL)(ll) 에예	M(m) 에메	N(n) 에네	Ñ(ñ) 에녜	O(o) 오
P(p) 뻬	Q(q) 꾸	R(r) 에레	S(s) 에쎄	T(t) 떼	U(u) 우
V(v) 우베	W(w) 우베도블레	X(x) 에끼스	Y(y) 이 그리에가	Z(z) 쎄따	

✔ CH(ch), LL(ll): 스페인어 문법이 개정되면서 CH(ch)와 LL(ll)는 독립적인 알파벳으로 간주되지 않습니다.

✔ Y(y): 스페인어 문법이 개정되면서 Y(y)의 명칭을 [예]라고 하기도 합니다.

✔ Ñ(ñ): 스페인어 특유의 알파벳입니다.

❷ 스페인어 발음

한국어에서 [ㄱ + ㅏ + ㅂ = 갑]과 같이 단어가 만들어지는 것처럼 스페인어에서도 모음과 자음의 조합을 통해 단어가 만들어집니다. 스페인어에서 모음과 자음의 구분은 아래 표와 같습니다.

모음	A(a) 아	E(e) 에	I(i) 이	O(o) 오	U(u) 우
자음	모음을 제외한 나머지 알파벳 (b, c, d, f, g, h…)				

이제는 각 자음이 다섯 가지 모음과 만났을 때 각각 어떤 발음이 되는지 하나하나 짚어 봅시다.

B(b) [베] 첫소리: ㅂ 받침소리: ㅂ	a ➡ ba	바	**bebé** [베베] 아기 **obsesión** [옵쎄씨온] 집념 **libro** [리브로] 책
	e ➡ be	베	
	i ➡ bi	비	
	o ➡ bo	보	
	u ➡ bu	부	

C(c) [쎄] 첫소리: ㅆ/ㄲ 받침소리: ㄱ	a ➡ ca	까	**casa** [까싸] 집 **concepto** [꼰쎕또] 개념 **cerveza** [쎄르베싸] 맥주
	e ➡ ce	쎄	
	i ➡ ci	씨	
	o ➡ co	꼬	
	u ➡ cu	꾸	

Ch(ch) [체] 첫소리: ㅊ 받침소리: 없음	a ➡ cha	차	**Che Guevara** [체 게바라]
	e ➡ che	체	
	i ➡ chi	치	
	o ➡ cho	초	
	u ➡ chu	추	

D(d) [데] 첫소리: ㄷ 받침소리: ㅅ	a ➡ da	다	**diablo** [디아블로] 악마 **Madrid** [마드릿] 스페인의 수도 마드리드
	e ➡ de	데	
	i ➡ di	디	
	o ➡ do	도	
	u ➡ du	두	

F(f) [에(f)페] 첫소리: (f)ㅍ 받침소리: 없음	a ➡ fa			(f)파			**foto** [(f)포또] 사진 **fiesta** [(f)피에스따] 파티	
	e ➡ fe			(f)페				
	i ➡ fi			(f)피				
	o ➡ fo			(f)포				
	u ➡ fu			(f)푸				

TIP 영어의 'f' 발음처럼 아랫입술을 윗니로 살짝 깨물면서 발음합니다.

G(g) [헤] 첫소리: ㅎ/ㄱ 받침소리: 응	a ➡ ga	가	**gato** [가또] 고양이 **general** [헤네랄] 일반적인 **lengua** [렝구아] 언어	-	-	**Miguel** [미겔] 남자 이름 **guitarra** [기따르라] 기타	
	e ➡ ge	헤		gue	게		
	i ➡ gi	히		gui	기		
	o ➡ go	고		-	-		
	u ➡ gu	구		-	-		

TIP 스페인어 특유의 'ㅎ' 발음입니다. 주의하여 발음해 주세요.

H(h) [아체] 첫소리: 묵음 받침소리: 없음	a ➡ ha	아	**hospital** [오스삐딸] 병원 **hoy** [오이] 오늘
	e ➡ he	에	
	i ➡ hi	이	
	o ➡ ho	오	
	u ➡ hu	우	

J(j) [호따] 첫소리: ㅎ 받침소리: ㅎ	a ➡ ja	하	**José** [호쎄] 남자 이름 **reloj** [ㄹ렐로흐] 시계
	e ➡ je	헤	
	i ➡ ji	히	
	o ➡ jo	호	
	u ➡ ju	후	

TIP 스페인어 특유의 'ㅎ' 발음입니다. 주의하여 발음해 주세요.

K(k) [까] 외래어 표기자 첫소리: ㄲ 받침소리: ㄱ	a ➡ ka	까	kilo [낄로] 킬로 kiwi [끼위] 키위
	e ➡ ke	께	
	i ➡ ki	끼	
	o ➡ ko	꼬	
	u ➡ ku	꾸	

L(l) [엘레] 첫소리: ㄹ 받침소리: ㄹ	a ➡ la	라	kilo [낄로] 킬로 luna [루나] 달 árbol [아르볼] 나무
	e ➡ le	레	
	i ➡ li	리	
	o ➡ lo	로	
	u ➡ lu	루	

Ll(ll) [에예] 첫소리: 이 받침소리: 없음	a ➡ lla	야	llave [야베] 키 ella [에이야] 그녀 llama [야마] 라마
	e ➡ lle	예	
	i ➡ lli	이	
	o ➡ llo	요	
	u ➡ llu	유	

TIP 지역에 따라 발음에 차이가 있습니다. 간혹 [엘레]라고 발음하기도 하니, 주의해 주세요.

M(m) [에메] 첫소리: ㅁ 받침소리: ㅁ	a ➡ ma	마	mujer [무헤르] 여자 imposible [임뽀씨블레] 불가능한
	e ➡ me	메	
	i ➡ mi	미	
	o ➡ mo	모	
	u ➡ mu	무	

N(n) [에네] 첫소리: ㄴ 받침소리: ㄴ	a ➡ na	나	novio [노비오] 남자 친구
	e ➡ ne	네	
	i ➡ ni	니	novia [노비아] 여자 친구
	o ➡ no	노	misión
	u ➡ nu	누	[미씨온] 미션

Ñ(ñ) [에녜] 첫소리: 니 받침소리: 없음	a ➡ ña	냐	señorita [쎄뇨리따] 아가씨
	e ➡ ñe	녜	
	i ➡ ñi	니	el niño [엘 니뇨] 남자아이
	o ➡ ño	뇨	la niña
	u ➡ ñu	뉴	[라 니냐] 여자아이

P(p) [뻬] 첫소리: ㅃ 받침소리: ㅂ	a ➡ pa	빠	
	e ➡ pe	뻬	papa [빠빠] 감자
	i ➡ pi	삐	
	o ➡ po	뽀	optar [옵따르] 선택하다
	u ➡ pu	뿌	

| Q(q)
[꾸]
첫소리: ㄲ
받침소리: 없음 | que | 께 | queso
[께쏘] 치즈 |
| | qui | 끼 | quién
[끼엔] 누구 |

TIP 'Q(q)'의 경우, 'que', 'qui'에만 사용됩니다.

R(r) [에레] 첫소리: ㄹ / ㄹㄹ 받침소리: ㄹ	a ➡ ra	라	pero [뻬로] 그러나
	e ➡ re	레	
	i ➡ ri	리	radio [ㄹ라디오] 라디오
	o ➡ ro	로	perro
	u ➡ ru	루	[뻬ㄹ로] 개

TIP 'R(r)'가 문장 맨 앞에 오는 경우, 혹은 'rr'와 같이 두 개가 겹쳐서 사용되는 경우 떠는 발음이 납니다.

S(s) [에쎄] 첫소리: ㅆ 받침소리: ㅅ	a ➡ sa	싸	mesa [메싸] 테이블 mesas [메싸스] 테이블들
	e ➡ se	쎄	
	i ➡ si	씨	
	o ➡ so	쏘	
	u ➡ su	쑤	

T(t) [떼] 첫소리: ㄸ 받침소리: ㅅ뜨	a ➡ ta	따	tango [땅고] 탱고 tomate [또마떼] 토마토 televisión [뗄레비씨온] 텔레비전
	e ➡ te	떼	
	i ➡ ti	띠	
	o ➡ to	또	
	u ➡ tu	뚜	

TIP 't'가 받침소리로 올 경우, [ㅅ뜨]와 같이 발음합니다. 이때 [뜨]는 가볍게 발음해 주세요. 🔊 ritmo [릿뜨모]

V(v) [우베] 첫소리: ㅂ 받침소리: 없음	a ➡ va	바	vaso [바쏘] 컵 vaca [바까] 암소
	e ➡ ve	베	
	i ➡ vi	비	
	o ➡ vo	보	
	u ➡ vu	부	

W(w) [우베도블레] 외래어 표기자	sándwich [싼드위치] 샌드위치 Washington [와씽똔] 워싱턴

TIP 외래어 발음을 그대로 유지합니다.

X(x) [에끼쓰] 첫소리: ㅆ 받침소리: ㄱ	a ➡ xa	싸	xilófono [씰로(f)포노] 실로폰
	e ➡ xe	쎄	
	i ➡ xi	씨	taxi [딱씨] 택시
	o ➡ xo	쏘	
	u ➡ xu	쑤	

Y(y) [이 그리에가] 첫소리: 이 받침소리: 이	a ➡ ya	야	y [이] 그리고
	e ➡ ye	예	
	i ➡ yi	이	ley [레이] 법
	o ➡ yo	요	
	u ➡ yu	유	rey [ㄹ레이] 왕

Z(z) [쎄따] 첫소리: ㅆ 받침소리: ㅅ	a ➡ za	싸	zorro [쏘ㄹ로] 여우
	e ➡ ze	쎄	
	i ➡ zi	씨	feliz [(f)펠리스] 행복한
	o ➡ zo	쏘	
	u ➡ zu	쑤	Zara [싸라] 브랜드 이름

❸ 기타 발음의 특징

1. güe [구에] / güi [구이]

agua [아구아] 물 antiguo [안띠구오] 오래된 guante [구안떼] 장갑	guerra [게ㄹ라] 전쟁 guitarra [기따ㄹ라] 기타	vergüenza [베르구엔싸] 부끄러움 pingüino [삥구이노] 펭귄 'gue', 'gui'에서 'u' 위에 ' ¨ '이 붙을 경우 '우' 발음이 살아납니다.

2. 스페인어에서 [θ]와 [s]

	스페인 [θ]	중남미 [s]
ce ci za ze zi zo zu	Cecilia [θeθilia] zumo [θumo]	Cecilia [쎄씰리아] zumo [쑤모]

스페인어에서 'ce, ci, za, ze, zi, zo, zu' 발음은 지역에 따라 차이가 있습니다. 해당 발음을 스페인에서는 영어의 [th] 발음으로 중남미에서는 [s] 발음으로 하는 경향이 있습니다.

❹ 강세

강세란, 특정 음절에 힘을 주어 말하는 것으로 스페인어에서 강세는 매우 중요합니다. 모음 위에 강세 부호(´)가 찍혀 있는 경우에는 그 모음이 강세를 가지게 되며, 강세 부호가 없는 단어의 경우에는 일반적으로 다음의 규칙을 따릅니다.

1. 'a, e, i, o, u' 혹은 'n, s'로 끝나면 → 끝에서 두 번째 음절에 강세를 준다.

España	coche	kiwi	libro
[에스빠냐] 스페인	[꼬체] 자동차	[끼위] 키위	[리브로] 책
joven	examen	lunes	martes
[호벤] 청년	[엑싸멘] 시험	[루네스] 월요일	[마르떼스] 화요일

2. 'n, s'를 제외한 자음으로 끝나면 → 맨 마지막 음절에 강세를 준다.

feliz	girasol	doctor
[(f)펠리스] 행복한	[히라쏠] 해바라기	[독또르] 박사

3. 이중모음

모음 두 개가 연달아 있는 경우를 '이중모음'이라고 하며, 스페인어에서 'a, e, o'는 강모음, 'i, u'는 약모음으로 구분합니다. 기본적으로 이중모음은 하나의 모음으로 간주되지만, 강모음끼리 만났을 경우에는 각각 독립된 모음이 된다는 점을 꼭 기억해 주세요. 모음과 모음이 만났을 때 어떤 모음이 강세를 가지는지 알아봅시다.

[약모음 + 강모음] / [강모음 + 약모음]

강한 모음이 주가 되는 음절이 되므로 강한 모음에 강세를 줍니다.

siempre (항상) ➡ siempre [씨**엠**쁘레] (i=약모음, e=강모음)

reina (여왕) ➡ reina [ㄹ**레**이나] (e=강모음, i=약모음)

[약모음 + 약모음]

두번째 약모음에 강세가 옵니다.

Suiza (스위스) ➡ Suiza [쑤**이**싸] (u=약모음, i=약모음)

[강모음 + 강모음]

각각 독립된 음절로 간주합니다.

teatro (극장) ➡ teatro [떼**아**뜨로] (e=강모음, a=강모음)

deseo (소원) ➡ deseo [데**쎄**오] (e=강모음, o=강모음)

❺ 인칭대명사

Yo	나	[요]
Tú	너	[뚜]
Usted (Ud.)	당신	[우스**뗏**]
Él	그	[엘]
Ella	그녀	[**에**이야]
Nosotros	우리 남자들	[노**쏘**뜨로스]
Nosotras	우리 여자들	[노**쏘**뜨라스]
Vosotros	너희 남자들	[보**쏘**뜨로스]
Vosotras	너희 여자들	[보**쏘**뜨라스]
Ustedes (Uds.)	당신들	[우스**떼**데스]
Ellos	그들	[**에**이요스]
Ellas	그녀들	[**에**이아스]

TIP '우리들, 너희들, 그들'이 혼성일 경우 남성이 대표합니다.

⑥ 의문사

스페인어 의문문의 형태는 의문사가 없는 경우 [¿동사 + 주어~?]로 쓰지만, 평서문처럼 [¿주어 +동사~?]로 써도 괜찮습니다. 그러나 의문사를 동반하는 경우에는 [¿의문사 + 동사 + 주어~?]의 형태 또는 [¿의문사 + 명사 + 동사~?]의 순으로 의문문을 구성하는 것이 일반적입니다. 전치사까지 다룬 의문문은 3탄에서 살펴보도록 하고, 1탄에서는 단순한 의문문 먼저 살펴보도록 합시다.

Quién(es) 누구	Qué 무엇
¿Quiénes son ellos? 그들은 누구인가요?	¿Qué tiempo hace hoy? 오늘 날씨 어때요? ¿Qué hace estos días? 요새 뭐 해요?
Cuál(es) 어느	**Cuándo 언제**
¿Cuál es tu teléfono móvil? 어느 것이 너의 핸드폰이니? ¿Cuál es su comida favorita? 당신이 좋아하는 음식이 어느 것인가요?	¿Cuándo podemos cenar? 언제 저녁 식사를 할 수 있나요? ¿Cuándo podemos salir juntos? 우리 언제 함께 나갈 수 있니?
Dónde 어디	**Cómo 어떻게**
¿Dónde hay una lavandería? 빨래방 어디 있나요? ¿Dónde está el baño? 화장실 어디 있나요?	¿Cómo está? 어떻게 지내요? ¿Cómo puedo llegar a OO? OO에 어떻게 가나요?
Por qué 왜	**Cuánto(a, os, as) 몇, 얼마**
¿Por qué no funciona el internet? 왜 인터넷이 안 되죠? ¿Por qué no puedo usar el baño? 왜 제가 화장실을 사용할 수 없나요?	¿Cuánto tiempo hay que esperar? 얼마나 기다리나요? ¿Cuánto cuesta el billete de ida y vuelta? 왕복표는 얼마인가요?

01

Yessi는 선생님이야.

핵심 학습 '나는 ~이다' 말하기

Capítulo 01 나는 학생입니다.

Capítulo 02 우리(남자)들은 학생들입니다.

Capítulo 03 나는 (남자) 의사입니다.

Capítulo 04 나는 한국인(남자)입니다.

Capítulo 05 나는 예쁩니다.

Capítulo 06 (나는) 학생입니다.

Yo soy estudiante.

나는 학생입니다.

학습 목표

1강에서는 영어의 be 동사에 해당하는 'ser ~이다' 동사에 대해 학습해 보겠습니다.
이 동사를 활용하여 '나는 학생이다'와 같은 현재시제 문장을 말해 봅시다.

학습 단어

estudiante m. f. 학생 | dentista m. f. 치과 의사 | periodista m. f. 기자 |
cantante m. f. 가수

지난 시간 복습

잠깐! 다시 떠올려 볼까요?

앞서 파닉스에서 '나, 너, 당신'과 같은 인칭대명사에 대해서 학습했습니다. 인칭대명사를 확실히 알아야 1강 전체 학습이 쉬워진다는 점 유념하면서, 오늘은 단수 인칭대명사를 복습해 봅시다.

나	Yo
너	Tú
당신 그 그녀	Usted (Ud.) Él Ella

오늘도 하나씩 쌓아 가기!

오늘도 숫자와 표현을 하나씩 쌓고, 오늘의 단어와 밑줄 포인트를 익혀 봅시다.

❶ 오늘의 숫자

✔ 숫자 1 ➡ uno

❷ 오늘의 표현

✔ 다음에 보자!(헤어질 때 인사) ➡ ¡Hasta luego!

❸ 오늘의 단어

✔ 학생 ➡ estudiante

✔ 학생이다 ➡ ser estudiante

✔ 학생이 아니다 ➡ no ser estudiante

✔ 가수 ➡ cantante

❹ 오늘의 밑줄 긋기

✎ '¡Hasta luego!'에서처럼, 스페인어에서 감탄부호(¡ !)와 의문부호(¿ ?)는 문장의 맨 앞과 맨 뒤에 모두 표기해 주세요!

오늘의 학습

오늘은 무엇을 배워 볼까요?

❶ 오늘의 핵심 포인트

스페인어의 꽃은 바로 '동사'라고 할 수 있습니다. 모든 동사는 인칭과 시제 등에 따라 변화하게 되는데, 오늘 1강에서는 영어의 be 동사에 해당하는 ser 동사에 대해 학습해 보겠습니다. 뜻은 보통 '~이다'라고 해석됩니다. 먼저 오늘은 현재시제 단수 인칭에서의 ser 동사 변화를 배워 보겠습니다. 다음의 표로 한눈에 익히면서 여러 번 큰 소리로 읽고 문장을 말해 보세요.

Yo	soy	나는 ~이다	→ Yo soy ~
Tú	eres	너는 ~이다	→ Tú eres ~
Usted	es	당신은 ~이다	→ Usted es ~
Él		그는 ~이다	→ Él es ~
Ella		그녀는 ~이다	→ Ella es ~

우선 스페인어에서 동사 변화가 중요하다는 것을 꼭 기억해 주세요. 이제 'soy', 'eres', 'es'라는 세 가지 동사 변화형을 가지고 평서문뿐만 아니라 부정문, 의문문까지 만들어 보겠습니다.

❷ 평서문 만들기

✔ 나는 학생이다. → Yo soy estudiante.

✔ 너는 학생이다. → Tú eres estudiante.

✔ 당신은 학생이다. → Usted es estudiante.

✔ 그는 학생이다. → Él es estudiante.

✔ 그녀는 학생이다. → Ella es estudiante.

❸ 부정문 만들기

✔ 나는 학생이 아니다. → Yo no soy estudiante.

✔ 너는 학생이 아니다. → Tú no eres estudiante.

✔ 당신은 학생이 아니다. → Usted no es estudiante.

✔ 그는 학생이 아니다. → Él no es estudiante.

✔ 그녀는 학생이 아니다. → Ella no es estudiante.

④ 의문문 만들기

스페인어에서 평서문을 의문문으로 만드는 방법은 두 가지가 있습니다.

첫 번째, 동사와 주어의 위치를 바꾸고, 문장 앞뒤에 의문부호를 첨가합니다. 끝을 올려 읽습니다.

✔ Tú eres estudiante. 너는 학생이다.
➡ ¿Eres tú estudiante? 너는 학생이니?

두 번째, 평서문의 앞뒤에 의문부호를 첨가하고, 끝을 올려 읽습니다.

✔ Tú eres estudiante. 너는 학생이다.
➡ ¿Tú eres estudiante? 너는 학생이니?

긍정의 'sí', 부정의 'no'를 이용해서 의문문에 대한 대답까지 함께 말해 볼까요?

Q. 당신은 학생이에요?   ➡ ¿Es usted estudiante?
                                   ¿Usted es estudiante?

A. 네, 저는 학생이에요.   ➡ Sí, yo soy estudiante.
    아니요, 저는 학생이 아니에요.   ➡ No, yo no soy estudiante.

의문문을 만드는 두 가지 방법 중, 평서문에 의문부호를 붙이고 끝을 올려 읽는 두 번째 방법을 중심으로 말하기 연습을 좀 더 해 보겠습니다.

Q. 그는 학생이니?   ➡ ¿Él es estudiante?
A. 응, 그는 학생이야.   ➡ Sí, él es estudiante.
    아니, 그는 학생이 아니야.   ➡ No, él no es estudiante.

Q. 그녀는 학생이니?   ➡ ¿Ella es estudiante?
A. 응, 그녀는 학생이야.   ➡ Sí, ella es estudiante.
    아니, 그녀는 가수야.   ➡ No, ella es cantante.

연습 문제

오늘 배운 내용을 완전히 내 것으로 만들어 봐요!

① 인칭대명사에 알맞은 ser 동사를 적어 문장을 완성해 봅시다.

a. 나는 학생이다.   Yo   estudiante.

b. 너는 학생이다.   Tú   estudiante.

c. 그 / 그녀 / 당신은 학생이다.   Él / Ella / Usted   estudiante.

② 나열된 단어를 순서대로 배열하여 문장을 만들어 봅시다.

a. 너는 학생이니?

(estudiante / tú / eres)

➡ _____

b. 당신은 학생이에요?

(usted / estudiante / es)

➡ _____

c. 네, 저는 학생이에요.

(soy / yo / sí / estudiante)

➡ _____

d. 아니요, 저는 학생이 아니에요.

(estudiante / no / soy / yo / no)

➡ _____

③ 오늘 배운 표현들을 직접 작문해 봅시다.

a. 너는 학생이니?

➡ _____

b. 당신은 학생이에요?

➡ _____

c. 네, 저는 학생이에요.

➡ _____

d. 아니요, 저는 학생이 아니에요.

➡ _____

④ 제시된 단어를 이용해 직접 작문해 봅시다.

> dentista m. f. 치과 의사 | periodista m. f. 기자

a. 나는 치과 의사다.　　　➡ _____

b. 그녀는 치과 의사다.　　　➡ _____

c. 너는 치과 의사가 아니다.　➡ _____

d. 그녀는 치과 의사가 아니다.➡ _____

e. 그는 치과 의사니?　　　➡ _____

f. 아니, 그는 기자야.　　　➡ _____

오늘 꼭 기억해 두어야 할 문장! 완전히 내 것으로 만들어 봐요.

❶ ¿Eres tú estudiante? 또는 **¿Tú eres estudiante?**

❷ ¿Es usted estudiante? 또는 **¿Usted es estudiante?**

❸ Sí, yo soy estudiante.

❹ No, yo no soy estudiante.

정답

1　**a.** soy / **b.** eres / **c.** es

2-3　**a.** ¿Eres tú estudiante? 또는 ¿Tú eres estudiante? / **b.** ¿Es usted estudiante? 또는 ¿Usted es estudiante? /
　　　c. Sí, yo soy estudiante. / **d.** No, yo no soy estudiante.

4　**a.** Yo soy dentista. / **b.** Ella es dentista. / **c.** Tú no eres dentista. / **d.** Ella no es dentista. / **e.** ¿Es él dentista?
　　　또는 ¿Él es dentista? / **f.** No, él es periodista.

Capítulo 02

Nosotros somos estudiantes.

우리(남자)들은 학생들입니다.

학습
목표

이번 강의에서는 ser 동사의 현재시제 복수 인칭 변화를 배워 봅시다.

학습
단어

estudiantes m. f. 학생들 | **dentistas** m. f. 치과 의사들 | **periodistas** m. f. 기자들
| **cantantes** m. f. 가수들

지난 시간 복습

잠깐! 다시 떠올려 볼까요?

지난 강의에서는 인칭대명사와 ser 동사의 현재시제 변화형을 활용한 말하기를 배웠습니다.

❶ 인칭대명사 단수

나	Yo
너	Tú
당신 그 그녀	Usted (Ud.) Él Ella

❷ 단수형 인칭대명사에 따른 ser 동사 현재시제 변화형

Yo	soy
Tú	eres
Usted / Él / Ella	es

❸ 지난 강의 주요 표현

✔ 너는 학생이니?   → ¿Tú eres estudiante?

✔ 당신 학생이에요?   → ¿Usted es estudiante?

✔ 네, 저는 학생이에요.   → Sí, yo soy estudiante.

✔ 아니요, 저는 학생이 아니에요.   → No, yo no soy estudiante.

오늘도 하나씩 쌓아 가기!

오늘의 숫자와 표현을 하나씩 쌓고, 오늘의 단어와 밑줄 포인트를 익혀 봅시다.

① 오늘의 숫자

✔ 숫자 2 → dos

② 오늘의 표현

✔ 좋은 아침입니다.(아침 인사) → ¡Buenos días!

③ 오늘의 단어

✔ 학생들 → estudiantes

✔ 학생들이다 → ser estudiantes

✔ 학생들이 아니다 → no ser estudiantes

✔ 가수들 → cantantes

④ 오늘의 밑줄 긋기

🔖 스페인어의 명사에는 단수형과 복수형이 있어요. 자음으로 끝나는 명사는 어미에 '-es'를, 모음으로 끝나는 명사는 어미에 '-s'를 붙여 복수형을 만듭니다.

예 학생 estudiante 학생들 estudiantes
가수 cantante 가수들 cantantes

STEP 2 오늘의 학습

오늘은 무엇을 배워 볼까요?

1 복수 인칭대명사

우리(남자)들	Nosotros
우리(여자)들	Nosotras
너희(남자)들	Vosotros
너희(여자)들	Vosotras
당신들	Ustedes (Uds.)
그들	Ellos
그녀들	Ellas

2 오늘의 핵심 포인트

오늘 강의에서는 복수 인칭에 따른 ser 동사의 현재시제 변화 형태를 배워 보겠습니다.

Nosotros/as	somos
Vosotros/as	sois
Ustedes / Ellos / Ellas	son

3 평서문 만들기

주어가 남성일 때

✔ 우리(남자)들은 학생들이다. → Nosotros somos estudiantes.

✔ 너희(남자)들은 학생들이다. → Vosotros sois estudiantes.

✔ 당신들은 학생들이다. → Ustedes son estudiantes.

✔ 그들은 학생들이다. → Ellos son estudiantes.

주어가 여성일 때

✔ 우리(여자)들은 학생들이다.　　　　→ Nosotras somos estudiantes.

✔ 너희(여자)들은 학생들이다.　　　　→ Vosotras sois estudiantes.

✔ 당신들은 학생들이다.　　　　　　→ Ustedes son estudiantes.

✔ 그녀들은 학생들이다.　　　　　　→ Ellas son estudiantes.

④ 부정문 만들기

주어가 남성일 때

✔ 우리(남자)들은 학생들이 아니다.　　→ Nosotros no somos estudiantes.

주어가 여성일 때

✔ 우리(여자)들은 학생들이 아니다.　　→ Nosotras no somos estudiantes.

⑤ 의문문 만들기

주어가 남성일 때

✔ 너희(남자)들은 학생들이니?　　　　→ ¿Vosotros sois estudiantes?

✔ 당신들은 학생들이에요?　　　　　→ ¿Ustedes son estudiantes?

✔ 네, 우리(남자)들은 학생들이에요.　　→ Sí, nosotros somos estudiantes.

✔ 아니요, 우리(남자)들은 학생들이 아니에요.　→ No, nosotros no somos estudiantes.

주어가 여성일 때

✔ 너희(여자)들은 학생들이니?　　　　→ ¿Vosotras sois estudiantes?

✔ 당신들은 학생들이에요?　　　　　→ ¿Ustedes son estudiantes?

✔ 네, 우리(여자)들은 학생들이에요.　　→ Sí, nosotras somos estudiantes.

✔ 아니요, 우리(여자)들은 가수들이에요.　→ No, nosotras somos cantantes.

❻ 의문문 만들기

주어가 남성, 여성 섞여 있을 때에는 남성형으로 씁니다.

- ✔ 우리들은 가수들이다.   ➡ Nosotros somos cantantes.
- ✔ 너희들은 가수들이다.   ➡ Vosotros sois cantantes.
- ✔ 당신들은 가수들이다.   ➡ Ustedes son cantantes.
- ✔ 그들은 가수들이다.   ➡ Ellos son cantantes.

✏ 따라 써 보기 ┃ 한국어 해석을 보면서 스페인어를 써 보세요.

Ⓐ 그녀들은 학생이니?   ¿Ellas son estudiantes?

네, 그녀들은 학생이에요.   Sí, ellas son estudiantes. **Ⓑ**

Ⓐ 너희(남자)들은 학생들이니?   ¿Vosotros sois estudiantes?

아니요, 우리(남자)들은 학생들이 아니에요.   No, nosotros no somos estudiantes. **Ⓑ**

Ⓐ 당신들은 학생들이에요?   ¿Ustedes son estudiantes?

네, 우리(남자)들은 학생들이에요.   Sí, nosotros somos estudiantes. **Ⓑ**

Ⓐ 너희(여자)들은 학생들이니?   ¿Vosotras sois estudiantes?

네, 우리(여자)들은 학생들이에요.   Sí, nosotras somos estudiantes. **Ⓑ**

연습 문제

오늘 배운 내용을 완전히 내 것으로 만들어 봐요!

❶ 인칭대명사에 알맞은 ser 동사를 적어 문장을 완성해 봅시다.

　　a. 우리들은 학생이다.　　　　　Nosotros/as ⬚ estudiantes.

　　b. 너희들은 학생이다.　　　　　Vosotros/as ⬚ estudiantes.

　　c. 그들 / 그녀 / 당신들은 학생이다.　Ellos / Ellas / Ustedes ⬚ estudiantes.

❷ 나열된 단어를 순서대로 배열하여 문장을 만들어 봅시다.

　　a. 너희(남자)들은 학생들이니?
　　　(vosotros / estudiantes / sois)

　　➡ _____

　　b. 당신들은 학생들이에요?
　　　(son / estudiantes / ustedes)

　　➡ _____

　　c. 네, 우리(남자)들은 학생들이에요.
　　　(estudiantes / somos / sí / nosotros)

　　➡ _____

　　d. 아니요, 우리(남자)들은 가수들이에요.
　　　(nosotros / no / somos / cantantes)

　　➡ _____

❸ 오늘 배운 표현들을 직접 작문해 봅시다.

　　a. 너희(남자)들은 학생들이니?

　　➡ _____

　　b. 당신들은 학생들이에요?

　　➡ _____

c. 네, 우리(남자)들은 학생들이에요.

➡ _____

d. 아니요, 우리(남자)들은 가수들이에요.

➡ _____

④ 제시된 단어를 이용해 직접 작문해 봅시다.

> dentistas m. f. 치과 의사들 | periodistas m. f. 기자들

a. 그녀들은 치과 의사들이다.   ➡ _____

b. 너희(여자)들은 치과 의사들이 아니다.   ➡ _____

c. 당신들은 기자들이에요?   ➡ _____

d. 우리들은 기자들이 아니다.   ➡ _____

오늘 꼭 기억해 두어야 할 문장! 완전히 내 것으로 만들어 봐요.

❶ ¿Vosotros sois estudiantes?

❷ ¿Ustedes son estudiantes?

❸ Sí, nosotros somos estudiantes.

❹ No, nosotros somos cantantes.

정답

1 a. somos / b. sois / c. son

2-3 a. ¿Vosotros sois estudiantes? / b. ¿Ustedes son estudiantes? / c. Sí, nosotros somos estudiantes. / d. No, nosotros somos cantantes.

4 a. Ellas son dentistas. / b. Vosotras no sois dentistas. / c. ¿Ustedes son periodistas? / d. Nosotros no somos periodistas.

Capítulo 03

Yo soy médico.

나는 (남자) 의사입니다.

학습
단어

médico m. 의사(남자) | **médica** f. 의사(여자) | **profesor** m. 선생님(남자)
profesora f. 선생님(여자) | **abogado** m. 변호사(남자) | **abogada** f. 변호사(여자)
autor m. 작가(남자) | **autora** f. 작가(여자)

지난 시간 복습

잠깐! 다시 떠올려 볼까요?

지난 시간에는 복수 인칭대명사와 복수 인칭에 따른 ser 동사의 현재시제 변화 형태를 배웠습니다. 이와 더불어 1강에서 배운 단수 인칭대명사와 단수형 인칭대명사에 따른 ser 동사 현재시제 변화형까지 한꺼번에 정리해 봅시다.

❶ 인칭대명사

나	Yo
너	Tú
당신 그 그녀	Usted Él Ella
우리(남자)들 우리(여자)들	Nosotros Nosotras
너희(남자)들 너희(여자)들	Vosotros Vosotras
당신들 그들 그녀들	Ustedes Ellos Ellas

❷ ser 동사 현재시제 변화 형태

Yo	soy
Tú	eres
Usted / Él / Ella	es
Nosotros/as	somos
Vosotros/as	sois
Ustedes / Ellos / Ellas	son

③ **지난 강의 주요 표현**

- ✔ 너희(남자)들은 학생들이니? → ¿Vosotros sois estudiantes?
- ✔ 당신들은 학생들이에요? → ¿Ustedes son estudiantes?
- ✔ 네, 우리(남자)들은 학생들이에요. → Sí, nosotros somos estudiantes.
- ✔ 아니요, 우리(남자)들은 가수들이에요. → No, nosotros somos cantantes.

오늘도 하나씩 쌓아 가기!

오늘도 숫자와 표현을 하나씩 쌓고, 오늘의 단어와 밑줄 포인트를 익혀 봅시다.

① **오늘의 숫자**

- ✔ 숫자 3 → tres

② **오늘의 표현**

- ✔ 좋은 오후입니다!(오후 인사) → ¡Buenas tardes!

③ **오늘의 단어**

- ✔ (남자) 의사: médico / (남자) 의사들: médicos
- ✔ (여자) 의사: médica / (여자) 의사들: médicas
- ✔ (남자) 선생님: profesor / (남자) 선생님들: profesores
- ✔ (여자) 선생님: profesora / (여자) 선생님들: profesoras

④ **오늘의 밑줄 긋기**

- ✎ 중남미에서는 'vosotros'라는 인칭을 사용하지 않아요. 'vosotros' 대신 'ustedes' 인칭을 사용합니다. 하지만 스페인에서 주관하는 스페인어 국제 자격 시험 DELE에서는 'vosotros' 인칭 변화가 필수로 출제되니 반드시 암기해 주세요!

오늘의 학습

오늘은 무엇을 배워 볼까요?

① 오늘의 핵심 포인트

스페인어의 명사는 남성과 여성, 그리고 단수와 복수로 구분될 수 있습니다. 어떤 규칙에 따라 성별과 수를 구분하는지 확인해 보겠습니다.

a. 남성형이 **-o**로 끝나면, 여성형은 **o → a**로 바뀐다.

✔ médic**o** → médic**a**

b. 남성형이 **자음**으로 끝나면, 여성형은 **자음 + a**로 바뀐다.

✔ profeso**r** → profeso**ra**

c. **-e**로 끝나는 명사의 경우 대부분 남성형과 여성형 형태가 동일하다.

✔ estudiant**e** → estudiant**e**

TIP 1. e-로 끝나는 단어 중 남성형과 여성형 형태가 동일하지 않은 경우도 있습니다.
　　　🇪 상사: 남성형 jefe / 여성형 jefa
　　2. -ista로 끝나는 명사의 경우 남성형, 여성형 형태가 동일합니다.
　　　🇪 치과 의사: dentista / 기자: periodista

d. 어휘 형태가 아예 다른 경우도 있다.

✔ 아버지: padre / 어머니: madre

e. **모음 (a, e, i, o, u)**으로 끝나는 경우 복수형은 **-s**만 붙이면 된다.

✔ médic**o** → médic**os** / médic**a** → médic**as** / estudiant**e** → estudiant**es**

f. **자음**으로 끝나는 경우 **-es**를 붙여 복수 형태로 만든다.

✔ profeso**r** → profeso**res**

❷ 주어가 남성일 경우

- ✔ 나는 (남자) 의사다. → Yo soy médico.
- ✔ 너는 (남자) 의사다. → Tú eres médico.
- ✔ 당신은 (남자) 의사다. → Usted es médico.
- ✔ 그는 (남자) 의사다. → Él es médico.

- ✔ 우리(남자)들은 의사들이다. → Nosotros somos médicos.
- ✔ 너희(남자)들은 의사들이다. → Vosotros sois médicos.
- ✔ 당신들은 의사들이다. → Ustedes son médicos.
- ✔ 그들은 (남자) 의사들이다. → Ellos son médicos.

- ✔ 당신은 (남자) 의사예요? → ¿Usted es médico?
- ✔ 네, 저는 (남자) 의사예요. → Sí, yo soy médico.
- ✔ 아니요, 저는 (남자) 의사가 아니에요. 저는 학생이에요. → No, yo no soy médico. / Yo soy estudiante.

- ✔ 당신들은 (남자) 의사들이에요? → ¿Ustedes son médicos?
- ✔ 네, 우리(남자)들은 의사들이에요. → Sí, nosotros somos médicos.
- ✔ 아니요, 우리(남자)들은 가수들이에요. → No, nosotros somos cantantes.

- ✔ 당신은 선생님이에요? → ¿Usted es profesor?
- ✔ 네, 저는 (남자) 선생님이에요. → Sí, yo soy profesor.
- ✔ 아니요, 저는 선생님이 아니에요. 저는 가수예요. → No, yo no soy profesor. / Yo soy cantante.

❸ 주어가 여성일 경우

- ✔ 너는 (여자) 선생님이니? → ¿Tú eres profesora?
- ✔ 응, 나는 (여자) 선생님이야. → Sí, yo soy profesora.
- ✔ 아니, 나는 (여자) 의사야. → No, yo soy médica.

- ✔ 당신들은 (여자) 선생님들이에요? → ¿Ustedes son profesoras?
- ✔ 네, 우리(여자)들은 선생님들이에요. → Sí, nosotras somos profesoras.
- ✔ 아니요, 우리(여자)들은 의사들이에요. → No, nosotras somos médicas.

✎ **따라 써 보기** | 한국어 해석을 보면서 스페인어를 써 보세요.

A 당신은 (남자) 의사예요? ¿Usted es médico?

아니요, 저는 (남자) 의사가 아니에요. No, yo no soy médico. **B**

저는 학생이에요. Yo soy estudiante.

A 당신들은 (남자) 의사들이에요? ¿Ustedes son médicos?

네, 우리(남자)들은 의사들이에요. Sí, nosotros somos médicos. **B**

A 너는 (여자) 선생님이니? ¿Tú eres profesora?

아니, 나는 (여자) 의사야. No, yo soy médica. **B**

A 당신들은 (여자) 선생님들이에요? ¿Ustedes son profesoras?

네, 우리(여자)들은 선생님들이에요. Sí, nosotras somos profesoras. **B**

연습 문제

오늘 배운 내용을 완전히 내 것으로 만들어 봐요!

❶ 인칭대명사에 알맞은 ser 동사를 적어 문장을 완성해 봅시다.

a. 나는 학생이다.   Yo   estudiante.

b. 너는 가수다.   Tú   cantante.

c. 그 / 그녀 / 당신은 기자다.   Él / Ella / Usted   periodista.

d. 우리들은 치과 의사다.   Nosotros/as   dentistas.

e. 너희들은 학생이다.   Vosotros/as   estudiantes.

f. 그들 / 그녀 / 당신들은 학생이다.   Ellos / Ellas / Ustedes   estudiantes.

❷ 나열된 단어를 순서대로 배열하여 문장을 만들어 봅시다.

a. 당신은 (남자) 의사예요?
(es / usted / médico)

➡ _____

b. 네, 저는 (남자) 의사예요.
(médico / yo / sí / soy)

➡ _____

c. 아니요, 저는 (남자) 의사가 아니에요.
(soy / no / médico / no / yo)

➡ _____

d. 저는 (남자) 선생님이에요.
(profesor / soy / yo)

➡ _____

③ 오늘 배운 표현들을 직접 작문해 봅시다.

a. 당신은 (남자) 의사예요?

➡ _____

b. 네, 저는 (남자) 의사예요.

➡ _____

c. 아니요, 저는 (남자) 의사가 아니에요.

➡ _____

d. 저는 (남자) 선생님이에요.

➡ _____

④ 제시된 단어를 이용해 직접 작문해 봅시다.

> **abogado** m. 변호사(남자) | **abogada** f. 변호사(여자) |
> **autora** f. 작가(여자) | **autor** m. 작가(남자)

a. 우리(남자)들은 변호사들이다.   ➡ _____

b. 그녀는 변호사다.   ➡ _____

c. 우리(여자)들은 작가들이다.   ➡ _____

d. 그들은 (남자) 작가들이다.   ➡ _____

오늘 꼭 기억해 두어야 할 문장! 완전히 내 것으로 만들어 봐요.

❶ ¿Usted es médico?　　❷ Sí, yo soy médico.

❸ No, yo no soy médico.　　❹ Yo soy profesor.

정답

1　a. soy / b. eres / c. es / d. somos / e. sois / f. son

2-3　a. ¿Usted es médico? / b. Sí, yo soy médico. / c. No, yo no soy médico. / d. Yo soy profesor.

4　a. Nosotros somos abogados. / b. Ella es abogada. / c. Nosotras somos autoras. / d. Ellos son autores.

Yo soy coreano.

나는 한국인(남자)입니다.

학습
목표

이번 강의에서는 다양한 국적을 표현하는 방법을 학습해 보겠습니다.

학습
단어

pintor m. 화가(남자) | **pintora** f. 화가(여자) | **coreano** m. 한국인(남자) | **coreana** f. 한국인(여자) | **chino** m. 중국인(남자) | **china** f. 중국인(여자) | **japonés** m. 일본인(남자) | **japonesa** f. 일본인(여자)

지난 시간 복습

잠깐! 다시 떠올려 볼까요?

❶ 성수 구분

a. 남성형이 **-o**로 끝나면, 여성형은 **o → a**로 바뀐다.
✔ médic**o** ➡ médic**a**

b. 남성형이 **자음**으로 끝나면, 여성형은 **자음 + a**로 바뀐다.
✔ profeso**r** ➡ profesor**a**

c. **-e**로 끝나는 명사의 경우 대부분 남성형과 여성형 형태가 동일하다.
✔ estudiant**e** ➡ estudiant**e**

d. 어휘 형태가 아예 다른 경우도 있다.
✔ 아버지: padre / 어머니: madre

e. **모음 (a, e, i, o, u)**으로 끝나는 경우 복수형은 **-s**만 붙이면 된다.
✔ médic**o** → médic**os** / médic**a** → médic**as** / estudiant**e** → estudiant**es**

f. **자음**으로 끝나는 경우 **-es**를 붙여 복수 형태로 만든다.
✔ profeso**r** → profeso**res**

❷ ser 동사 현재시제 변화 형태 복습

Yo	soy
Tú	eres
Usted / Él / Ella	es
Nosotros/as	somos
Vosotros/as	sois
Ustedes / Ellos / Ellas	son

③ **지난 강의 주요 표현**

✔ 당신 (남자) 의사예요? → ¿Usted es médico?

✔ 아니요, 저는 (남자) 의사가 아니에요. → No, yo no soy médico.

✔ 저는 (남자) 작가예요. → Yo soy autor.

오늘도 하나씩 쌓아 가기!

오늘도 숫자와 표현을 하나씩 쌓고, 오늘의 단어와 밑줄 포인트를 익혀 봅시다.

① **오늘의 숫자**

✔ 숫자 4 → cuatro

② **오늘의 표현**

✔ 좋은 밤입니다. → ¡Buenas noches!

③ **오늘의 단어**

✔ 변호사(남자): abogado / 변호사들(남자): abogados

✔ 변호사(여자): abogada / 변호사들(여자): abogadas

✔ 화가(남자): pintor / 화가들(남자): pintores

✔ 화가(여자): pintora / 화가들(여자): pintoras

✔ 한국인(남자): coreano / 한국인들(남자): coreanos

✔ 한국인(여자): coreana / 한국인들(여자): coreanas

✔ 중국인(남자): chino / 중국인들(남자): chinos

✔ 중국인(여자): china / 중국인들(여자): chinas

✔ 일본인(남자): japonés / 일본인들(남자): japoneses

✔ 일본인(여자): japonesa / 일본인들(여자): japonesas

✔ ~부터 / ~ 출신의 ➡ de

④ 오늘의 밑줄 긋기

🔖. 여러 국가명과 성별에 따른 형용사를 스페인어로 어떻게 말하는지 알아볼까요?

	국가명	형용사(남성형)	형용사(여성형)
한국	Corea del sur	coreano	coreana
일본	Japón	japonés	japonesa
중국	China	chino	china
스페인	España	español	española
미국	Estados Unidos	estadounidense	estadounidense
독일	Alemania	alemán	alemana
프랑스	Francia	francés	francesa
러시아	Rusia	ruso	rusa
이탈리아	Italia	italiano	italiana
아라비아	Arabia	árabe	árabe
베트남	Vietnam	vietnamita	vietnamita

오늘의 학습

오늘은 무엇을 배워 볼까요?

① 오늘의 핵심 포인트

ser 동사를 활용해 국적을 표현해 봅시다. 국적을 표현하는 방법은 2가지가 있습니다.

[ser + 한국 사람 → 한국 사람이다]

✔ 한국 사람이다 ➡ ser coreano/a/os/as

✔ 중국 사람이다 ➡ ser chino/a/os/as

✔ 일본 사람이다 ➡ ser japonés/a/es/as

[ser + de + 국가 이름 → ~ 출신이다]

✔ 한국: Corea ➡ 한국 출신이다 ser de Corea

✔ 중국: China ➡ 중국 출신이다 ser de China

✔ 일본: Japón ➡ 일본 출신이다 ser de Japón

TIP 국가 이름은 첫 글자를 대문자로 씁니다.

② 주어가 남성일 때

✔ 나는 한국인(남자)이다. ➡ Yo soy coreano.

✔ 너는 한국인(남자)이다. ➡ Tú eres coreano.

✔ 당신은 한국인(남자)이다. ➡ Usted es coreano.

✔ 그는 한국인(남자)이다. ➡ Él es coreano.

✔ 우리들은 한국인(남자)들이다. ➡ Nosotros somos coreanos.

✔ 너희들은 한국인(남자)들이다. ➡ Vosotros sois coreanos.

✔ 당신들은 한국인(남자)들이다. ➡ Ustedes son coreanos.

✔ 그들은 한국인(남자)들이다. ➡ Ellos son coreanos.

✔ 나는 중국인(남자)이다. → Yo soy chino.

✔ 너는 중국인(남자)이다. → Tú eres chino.

✔ 당신은 중국인(남자)이다. → Usted es chino.

✔ 그는 중국인(남자)이다. → Él es chino.

✔ 우리들은 중국인(남자)들이다. → Nosotros somos chinos.

✔ 너희들은 중국인(남자)들이다. → Vosotros sois chinos.

✔ 당신들은 중국인(남자)들이다. → Ustedes son chinos.

✔ 그들은 중국인(남자)들이다. → Ellos son chinos.

✔ 너희들은 중국인(남자)들이니? → ¿Vosotros sois chinos?

✔ 당신들은 중국인들이에요? → ¿Ustedes son chinos?

✔ 네, 우리들은 중국인(남자)들이에요. → Sí, nosotros somos chinos.

✔ 아니요, 우리들은 한국인(남자)들이에요. → No, nosotros somos coreanos.

❸ 주어가 여성일 때

✔ 나는 한국인(여자)이다. → Yo soy coreana.

✔ 너는 한국인(여자)이다. → Tú eres coreana.

✔ 당신은 한국인(여자)이다. → Usted es coreana.

✔ 그녀는 한국인(여자)이다. → Ella es coreana.

✔ 너는 중국인(여자)이니? → ¿Tú eres china?

✔ 응, 나는 중국인(여자)이야. → Sí, yo soy china.

✔ 아니, 나는 중국인(여자)이 아니야. → No, yo no soy china.

✔ 나는 한국인(여자)이야. → Yo soy coreana.

❹ ser + de + 국가 이름 = ~ 출신이다

✔ 나는 한국 출신이다. → Yo soy de Corea.

✔ 나는 중국 출신이다. → Yo soy de China.

✔ 나는 일본 출신이다. → Yo soy de Japón.

연습 문제

오늘 배운 내용을 완전히 내 것으로 만들어 봐요!

❶ 인칭대명사에 알맞은 ser 동사와 단어를 적어 문장을 완성해 봅시다.

a. 나는 학생이다.　　　　　　　　Yo ⬚⬚ ⬚⬚

b. 너는 (남자) 의사다.　　　　　　Tú ⬚⬚ ⬚⬚

c. 그 / 그녀 / 당신은 가수다.　　　Él / Ella / Usted ⬚⬚ ⬚⬚

d. 우리들은 (여자) 변호사들이다.　Nosotras ⬚⬚ ⬚⬚

e. 너희들은 (남자) 작가들이다.　　Vosotros ⬚⬚ ⬚⬚

f. 그들은 (남자) 한국인들이다.　　Ellos ⬚⬚ ⬚⬚

❷ 나열된 단어를 순서대로 배열하여 문장을 만들어 봅시다.

a. 너는 중국인(남자)이니?
(chino / tú / eres)

➡ _____

b. 아니, 나는 중국인(남자)이 아니야.
(soy / no / chino / no / yo)

➡ _____

c. 나는 한국인(남자)이야.
(coreano / yo / soy)

➡ _____

d. 너는 중국인(여자)이니?
(eres / china / tú)

➡ _____

e. 아니, 나는 한국인(여자)이야.
(coreana / no / soy / yo)

➡ _____

❸ 오늘 배운 표현들을 직접 작문해 봅시다.

    a. 너는 중국인(남자)이니?

    ➡ _____

    b. 아니, 나는 중국인(남자)이 아니야.

    ➡ _____

    c. 나는 한국인(남자)이야.

    ➡ _____

    d. 너는 중국인(여자)이니?

    ➡ _____

    e. 아니, 나는 한국인(여자)이야.

    ➡ _____

❹ 제시된 단어를 이용해 직접 작문해 봅시다.

> **japonés** m. 일본인(남자) | **japonesa** f. 일본인(여자) | **coreana** f. 한국인(여자)

    a. 너는 일본인(여자)이니?   ➡ _____

    b. 아니, 나는 한국인(여자)이야.   ➡ _____

    c. 당신은 일본인(남자)이에요?   ➡ _____

    d. 네, 저는 일본인(남자)이에요.   ➡ _____

오늘 꼭 기억해 두어야 할 문장! 완전히 내 것으로 만들어 봐요.

❶ ¿Tú eres chino?   **❷** No, yo no soy chino.

❸ Yo soy coreano.   **❹** ¿Tú eres china?

❺ No, yo soy coreana.

정답

1   **a.** soy – estudiante / **b.** eres – médico / **c.** es – cantante / **d.** somos – abogadas / **e.** sois – autores /
       f. son – coreanos

2-3 **a.** ¿Tú eres chino? / **b.** No, yo no soy chino. / **c.** Yo soy coreano. / **d.** ¿Tú eres china? / **e.** No, yo soy coreana.

4   **a.** ¿Tú eres japonesa? / **b.** No, yo soy coreana. / **c.** ¿Usted es japonés? / **d.** Sí, yo soy japonés.

Capítulo 05

Yo soy guapa.

나는 예쁩니다.

 학습 목표   'ser 동사 + 예쁜 → 예쁘다'와 같이 'ser 동사 + 형용사'로 외모와 성격을 표현하는 방법을 학습해 봅시다.

 학습 단어   **guapo/a** 잘생긴, 예쁜 | **activo/a** 활발한 | **amable** 친절한 | **muy** 매우 | **feo/a** 못생긴

지난 시간 복습

잠깐! 다시 떠올려 볼까요?

① ser 동사 현재시제 동사 변형

Yo	soy
Tú	eres
Usted / Él / Ella	es
Nosotros/as	somos
Vosotros/as	sois
Ustedes / Ellos / Ellas	son

② 지난 강의 주요 표현

- ✔ 너는 한국인(여자)이니? → ¿Tú eres coreana?
- ✔ 응, 나는 한국인(여자)이야. → Sí, yo soy coreana.
- ✔ 아니, 나는 한국인(여자)이 아니야. → No, yo no soy coreana.
- ✔ 나는 중국인(여자)이야. → Yo soy china.

오늘도 하나씩 쌓아 가기!

오늘도 숫자와 표현을 하나씩 쌓고, 오늘의 단어와 밑줄 포인트를 익혀 봅시다.

① 오늘의 숫자

- ✔ 숫자 5 → cinco

② 오늘의 표현

✔ 반가워. ➡ (본인이 남자일 때) Encantado.
　　　　　➡ (본인이 여자일 때) Encantada.

③ 오늘의 단어

✔ 잘생긴, 예쁜　➡　guapo/a/os/as

✔ 활발한　　　➡　activo/a/os/as

✔ 친절한　　　➡　amable/es

✔ 매우　　　　➡　muy

④ 오늘의 밑줄 긋기

🖋. 'muy 매우, 무척'는 형용사로 쓰이는 명사, 형용사, 분사, 부사 앞에 쓰여서 뒤의 뜻을 강조해 주는 역할을 하며, 성, 수에 따른 변화가 없습니다. 반면에 'muy'와 자주 비교되는 단어인 'mucho 많은'는 'mucho + 명사'의 형태로 쓰여서 '많은 ~'이라는 뜻을 나타나며, 성, 수에 따라 변화합니다. 두 단어의 차이점을 기억해 주세요!

오늘의 학습

오늘은 무엇을 배워 볼까요?

① 오늘의 핵심 포인트

a. '-o'로 끝나는 형용사는 성, 수에 따라 변화

✔ 예 guapo / guapa / guapos / guapas

b. 어미가 '-o'가 아닌 철자로 끝나는 형용사는 성과는 관계없이 수만 변화

✔ 예 amable / amables

c. 국적을 나타내는 형용사는 '-o' 외의 철자로 끝나는 형용사라도 성, 수에 따라 변화

✔ 예 japonés / japonesa / japoneses / japonesas

TIP japonés / japonesa는 '일본 사람, 일본 사람의'라는 뜻을 가집니다.

② 주어가 남성일 때

✔ 나는 잘생겼다.   → Yo soy guapo.

✔ 너는 잘생겼다.   → Tú eres guapo.

✔ 당신은 잘생겼다.   → Usted es guapo.

✔ 그는 잘생겼다.   → Él es guapo.

✔ 메시는 잘생겼다.   → Messi es guapo.

✔ 우리(남자)들은 잘생겼다.   → Nosotros somos guapos.

✔ 너희(남자)들은 잘생겼다.   → Vosotros sois guapos.

✔ 당신들은 잘생겼다.   → Ustedes son guapos.

✔ 그들은 잘생겼다.   → Ellos son guapos.

✔ 나는 활발하다.   → Yo soy activo.

✔ 너는 활발하다.   → Tú eres activo.

✔ 당신은 활발하다.   → Usted es activo.

✔ 그는 활발하다.	→ Él es activo.
✔ 메시는 활발하다.	→ Messi es activo.
✔ 우리(남자)들은 활발하다.	→ Nosotros somos activos.
✔ 너희(남자)들은 활발하다.	→ Vosotros sois activos.
✔ 당신들은 활발하다.	→ Ustedes son activos.
✔ 그들은 활발하다.	→ Ellos son activos.

✔ 나는 친절하다.	→ Yo soy amable.
✔ 너는 친절하다.	→ Tú eres amable.
✔ 당신은 친절하다.	→ Usted es amable.
✔ 그는 친절하다.	→ Él es amable.
✔ 메시는 친절하다.	→ Messi es amable.

✔ 우리(남자)들은 친절하다.	→ Nosotros somos amables.
✔ 너희(남자)들은 친절하다.	→ Vosotros sois amables.
✔ 당신들은 친절하다.	→ Ustedes son amables.
✔ 그들은 친절하다.	→ Ellos son amables.

❸ 주어가 여성일 때

✔ 나는 예쁘다.	→ Yo soy guapa.
✔ 너는 예쁘다.	→ Tú eres guapa.
✔ 당신은 예쁘다.	→ Usted es guapa.
✔ 그녀는 예쁘다.	→ Ella es guapa.
✔ Yessi는 예쁘다.	→ Yessi es guapa.

✔ 우리(여자)들은 예쁘다.	→ Nosotras somos guapas.
✔ 너희(여자)들은 예쁘다.	→ Vosotras sois guapas.
✔ 당신들은 예쁘다.	→ Ustedes son guapas.
✔ 그녀들은 예쁘다.	→ Ellas son guapas.

✔ 그녀는 예뻐? → ¿Ella es guapa?

✔ 응, 그녀는 예뻐. → Sí, ella es guapa.

✔ 아니, 그녀는 예쁘지 않아. → No, ella no es guapa.

✔ 우리(여자)들은 활발하다. → Nosotras somos activas.

✔ 너희(여자)들은 활발하다. → Vosotras sois activas.

✔ 당신들은 활발하다. → Ustedes son activas.

✔ 그녀들은 활발하다. → Ellas son activas.

✔ Yessi는 활발해? → ¿Yessi es activa?

✔ 응, 그녀는 활발해. → Sí, ella es activa.

✔ 아니, 그녀는 활발하지 않아. → No, ella no es activa.

✔ 나는 친절하다. → Yo soy amable.

✔ 너는 친절하다. → Tú eres amable.

✔ 당신은 친절하다. → Usted es amable.

✔ 그녀는 친절하다. → Ella es amable.

✔ Yessi는 친절하다. → Yessi es amable.

✔ 그녀는 친절해? → ¿Ella es amable?

✔ 응, 그녀는 친절해. → Sí, ella es amable.

✔ 아니, 그녀는 친절하지 않아. → No, ella no es amable.

④ 부사 'muy 매우'를 활용한 문장

형용사 앞에 'muy'를 넣으면 '매우'라는 뜻이 추가되어 'guapo 잘생긴 → muy guapo 매우 잘생긴' 이 됩니다.

✔ 그는 잘생겼어. → Él es guapo.

✔ 그는 매우 잘생겼어. → Él es muy guapo.

연습 문제

오늘 배운 내용을 완전히 내 것으로 만들어 봐요!

① 인칭대명사에 알맞은 ser 동사와 단어를 적어 문장을 완성해 봅시다.

a. (여자) 나는 활발하다.　　　Yo _____ _____

b. 너는 친절하다.　　　　　　Tú _____ _____

c. 그녀는 매우 예쁘다.　　　　Ella _____ muy _____

d. 우리들은 친절하다.　　　　Nosotros _____ _____

e. 너희(남자)들은 활발하다.　　Vosotros _____ _____

f. 그들은 매우 잘생겼다.　　　Ellos _____ muy _____

② 나열된 단어를 순서대로 배열하여 문장을 만들어 봅시다.

a. 그녀는 활발해?
(activa / ella / es)

➡ _____

b. 그는 잘생겼어?
(es / guapo / él)

➡ _____

c. 응, 그는 잘생겼어.
(sí / guapo / es / él)

➡ _____

d. 응, 그는 매우 잘생겼어.
(él / muy / sí / guapo / es)

➡ _____

❸ 오늘 배운 표현들을 직접 작문해 봅시다.

a. 그녀는 활발해?

➡ _____

b. 그는 잘생겼어?

➡ _____

c. 응, 그는 잘생겼어.

➡ _____

d. 응, 그는 매우 잘생겼어.

➡ _____

❹ 제시된 단어를 이용해 직접 작문해 봅시다.

cariñoso/a 사랑스러운 | feo/a 못생긴 | amable 친절한 | activo/a 활발한

a. 너희(여자)들은 사랑스럽다. ➡ _____

b. 그는 못생겼니? ➡ _____

c. 아니, 그는 잘생겼어. ➡ _____

d. 우리(남자)들은 매우 사랑스럽다. ➡ _____

e. 그녀는 친절하다. ➡ _____

f. 그들은 매우 활발하다. ➡ _____

오늘 꼭 기억해 두어야 할 문장! 완전히 내 것으로 만들어 봐요.

❶ ¿Ella es activa?

❷ ¿Él es guapo?

❸ Sí, él es guapo.

❹ Sí, él es muy guapo.

정답

1   a. soy – activa / b. eres – amable / c. es – guapa / d. somos – amables / e. sois – activos / f. son – guapos

2-3   a. ¿Ella es activa? / b. ¿Él es guapo? / c. Sí, él es guapo. / d. Sí, él es muy guapo.

4   a. Vosotras sois cariñosas. / b. ¿Él es feo? / c. No, él es guapo. / d. Nosotros somos muy cariñosos.

/ e. Ella es amable. / f. Ellos son muy activos.

Capítulo 06

Soy estudiante.

(나는) 학생입니다.

학습 목표

스페인어는 주어의 성, 수에 따라 동사가 변화합니다. 따라서 동사의 형태만 보고도 문장의 주어를 예측할 수 있지요. 이번 강의에서는 주어를 생략한 말하기를 학습해 보 겠습니다.

학습 단어

pintor m. 화가(남자) | pintora f. 화가(여자) | japonés m. 일본인(남자) | japonesa f. 일본인(여자) | amable 친절한 | activo/a 활발한

지난 시간 복습

잠깐! 다시 떠올려 볼까요?

❶ ser 동사 + 형용사

ser + 잘생긴/예쁜 = 잘생기다/예쁘다	잘생긴, 예쁜 → guapo/a/os/as
ser + 친절한 = 친절하다	친절한 → amable/es
ser + 활발한 = 활발하다	활발한 → activo/a/os/as

❷ 지난 강의 주요 표현

- ✔ 그는 친절하니?   → ¿Él es amable?
- ✔ 응, 그는 매우 친절해.   → Sí, él es muy amable.
- ✔ 그는 잘생겼니?   → ¿Él es guapo?
- ✔ 응, 그는 매우 잘생겼어.   → Sí, él es muy guapo.
- ✔ 그녀는 활발하니?   → ¿Ella es activa?
- ✔ 응, 그녀는 매우 활발해.   → Sí, ella es muy activa.

오늘도 하나씩 쌓아 가기!

오늘도 숫자와 표현을 하나씩 쌓고, 오늘의 단어와 밑줄 포인트를 익혀 봅시다.

❶ 오늘의 숫자

- ✔ 숫자 6 → seis

❷ 오늘의 표현

- ✔ 반갑습니다. → Mucho gusto.

❸ 오늘의 밑줄 긋기

- ◆ 앞 강에서 배웠던 '반갑다'라는 표현 'Encantado/a' 기억나시나요? 두 표현 모두 처음 만나는 사람에게 하는 인사인데요. 'Mucho gusto'는 중남미에서, 'Encantado/a'는 스페인에서 많이 사용하는 표현입니다.

오늘의 학습

오늘은 무엇을 배워 볼까요?

① 오늘의 핵심 포인트

한국어에서도 '(너) 밥 먹었어? - 응, (나) 밥 먹었어', '(너) 뭐 해? - (나) 공부해'처럼 실제 회화에서는 주어를 생략하고 말하는 경우가 많습니다. 이번 강의에서는 스페인어에서 주어를 생략할 수 있는 경우를 학습하고, 응용해서 말하기를 연습해 보겠습니다.

주어를 생략할 수 있는 경우

a. 동사 변형의 형태만으로도 어떤 주어인지 파악할 수 있으면 주어는 생략해도 무방합니다. 1인칭 단·복수(yo, nosotros/as) 그리고 2인칭 단·복수(tú, vosotros/as)가 이 경우에 해당됩니다.

✔ 나는 학생이다.

　Yo soy estudiante.　　　　　　➡ Soy estudiante.

✔ 너는 학생이다.

　Tú eres estudiante.　　　　　　➡ Eres estudiante.

✔ 우리들은 학생들이다.

　Nosotros somos estudiantes.　　➡ Somos estudiantes.

✔ 너희들은 학생들이다.

　Vosotros sois estudiantes.　　　➡ Sois estudiantes.

✔ (너는) 학생이니?　　　　　　　➡ ¿Eres estudiante?

✔ 응, (나는) 학생이야.　　　　　　➡ Sí, soy estudiante.

✔ 아니, (나는) 학생이 아니야.　　➡ No, no soy estudiante.

b. 3인칭 주어(él / ella / ellos / ellas)는 상황에 따라 생략합니다. 예를 들어 주어가 이미 언급된 경우, 다음 문장부터는 주어를 생략할 수 있습니다.

✔ 그는 한국 남자니? → ¿Él es coreano?

✔ 응, (그는) 한국 남자야. → Sí, es coreano.

✔ 아니, (그는) 한국 남자가 아니야. → No, no es coreano.

c. usted는 보통 생략하지 않습니다.

✔ 당신은 한국 남자예요? → ¿Usted es coreano?

✔ 네, (저는) 한국 남자입니다. → Sí, soy coreano.

✔ 아니요, (저는) 한국 남자가 아닙니다. → No, no soy coreano.

② 응용하기: 1인칭, 2인칭 주어 생략하기

✔ 너는 학생이니? → ¿(Tú) eres estudiante?
¿Eres (tú) estudiante?

✔ 너는 학생이니? → ¿Eres estudiante?

✔ 응, (나는) 학생이야. → Sí, soy estudiante.

✔ 아니, (나는) 학생이 아니야. → No, no soy estudiante.

✔ (나는) 가수야. → Soy cantante.

✔ 너희들은 학생들이니? → ¿Sois estudiantes?

✔ 응, (우리들은) 학생들이야. → Sí, somos estudiantes.

✔ 아니, (우리들은) 학생들이 아니야. → No, no somos estudiantes.

✔ (우리들은) (여자) 의사들이야. → Somos médicas.

✔ 너는 (남자) 의사니? → ¿Eres médico?

✔ 응, (나는) (남자) 의사야. → Sí, soy médico.

✔ 아니, (나는) (남자) 의사가 아니야. → No, no soy médico.

✔ (나는) (남자) 선생님이야. → Soy profesor.

✔ 너희들은 (남자) 의사들이니? → ¿Sois médicos?

✔ 응, (우리들은) (남자) 의사들이야. → Sí, somos médicos.

✔ 아니, (우리들은) (남자) 의사들이 아니야. → No, no somos médicos.

✔ (우리들은) (남자) 선생님들이야. → Somos profesores.

✔ 너는 (여자) 선생님이니? → ¿Eres profesora?

✔ 응, (나는) (여자) 선생님이야. → Sí, soy profesora.

✔ 아니, (나는) (여자) 선생님이 아니야. → No, no soy profesora.

✔ (나는) (여자) 화가야. → Soy pintora.

✔ 너는 중국인(여자)이니? → ¿Eres china?

✔ 응, (나는) 중국인(여자)이야. → Sí, soy china.

✔ 아니, (나는) 중국인(여자)이 아니야. → No, no soy china.

✔ 너희들은 한국인(남자)들이니? → ¿Sois coreanos?

✔ 응, (우리들은) 한국인(남자)들이야. → Sí, somos coreanos.

✔ 아니, (우리들은) 한국인(남자)들이 아니야. → No, no somos coreanos.

✔ (우리들은) 중국인(남자)들이야. → Somos chinos.

✔ 나는 잘생겼어.   → Soy guapo.

✔ 우리들은 잘생겼어.   → Somos guapos.

✔ 나는 예뻐.   → Soy guapa.

✔ 우리들은 예뻐.   → Somos guapas.

❸ 응용하기: 3인칭

✔ 그는 한국인(남자)이니?   → ¿Él es coreano?

✔ 응, 한국인(남자)이야.   → Sí, es coreano.

✔ 아니, 한국인(남자)이 아니야. 중국인(남자)이야.   → No, no es coreano. Es chino.

✔ 그는 잘생겼니?   → ¿Él es guapo?

✔ 응, 잘생겼어.   → Sí, es guapo.

✔ 아니, 잘생기지 않았어.   → No, no es guapo.

✔ 그녀는 친절하니?   → ¿Ella es amable?

✔ 응, 친절해.   → Sí, es amable.

✔ 아니, 친절하지 않아.   → No, no es amable.

✔ 당신은 (남자) 의사예요?   → ¿Usted es médico?

✔ 네, (남자) 의사예요.   → Sí, soy médico.

✔ 아니요, (남자) 의사가 아니에요. 학생이에요.   → No, no soy médico.
                                             Soy estudiante.

✔ 당신들은 (남자) 의사들이에요?   → ¿Ustedes son médicos?

✔ 네, (남자) 의사들이에요.   → Sí, somos médicos.

✔ 아니요, 가수들입니다.   → No, somos cantantes.

연습 문제

오늘 배운 내용을 완전히 내 것으로 만들어 봐요!

① 스페인어 예문을 보고 알맞은 해석을 연결해 봅시다.

a. Soy guapo. ·   · a. (여자) 너는 활발하다.

b. Sois médicos. ·   · b. 나는 잘생겼다.

c. Eres activa. ·   · c. 우리들은 친절하다.

d. Somos amables. ·   · d. 너희(남자)들은 의사들이다.

e. Sois activos. ·   · e. 너는 한국인(남자)이다.

f. Eres coreano. ·   · f. 너희(남자)들은 활발하다.

② 나열된 단어를 순서대로 배열하여 문장을 만들어 봅시다.

a. 당신은 (남자) 선생님이에요?
   (profesor / es / Usted)

➡ _____

b. 네, (남자) 선생님이에요.
   (soy / sí / profesor)

➡ _____

c. 아니요, (남자) 의사예요.
   (médico / no / soy)

➡ _____

d. 우리들은 한국인(남자)들입니다.
   (coreanos / somos)

➡ _____

❸ 오늘 배운 표현들을 직접 작문해 봅시다.

a. 당신은 (남자) 선생님이에요?

➡ _____

b. 네, (남자) 선생님이에요.

➡ _____

c. 아니요, (남자) 의사예요.

➡ _____

d. 우리들은 한국인(남자)들입니다.

➡ _____

❹ 제시된 단어를 이용해 직접 작문해 봅시다.

> pintor m. 화가(남자) | activo/a 활발한 | amable 친절한 | guapo 잘생긴

a. 나는 (남자) 화가다.　　➡ _____

b. 너희들은 친절하다.　　➡ _____

c. 아니, 그는 잘생겼어.　　➡ _____

d. 그들은 매우 활발하니?　➡ _____

e. 응, 그들은 매우 활발해.　➡ _____

오늘 꼭 기억해 두어야 할 문장! 완전히 내 것으로 만들어 봐요.

❶ ¿Usted es profesor?　　**❷ Sí, soy profesor.**

❸ No, soy médico.　　**❹ Somos coreanos.**

정답

1　　**a.** (b) 나는 잘생겼다. / **b.** (d) 너희(남자)들은 의사들이다. / **c.** (a) (여자) 너는 활발하다. / **d.** (c) 우리들은 친절하다. / **e.** (f) 너희(남자)들은 활발하다. / **f.** (e) 너는 한국인(남자)이다.

2-3 a. ¿Usted es profesor? / **b.** Sí, soy profesor. / **c.** No, soy médico. / **d.** Somos coreanos.

4　　**a.** Soy pintor. / **b.** Sois amables. / **c.** No, él es guapo. / **d.** ¿Ellos son muy activos? / **e.** Sí, son muy activos.

주요 문장 한번 더 짚고 가기!

❶ ¿Tú eres estudiante?

❷ Sí, yo soy estudiante.

❸ ¿Vosotros sois estudiantes?

❹ No, nosotros no somos estudiantes.

❺ ¿Ustedes son profesoras?

❻ Sí, nosotras somos profesoras.

❼ ¿Tú eres china?

❽ No, yo no soy china.

❾ ¿Él es guapo?

❿ Sí, él es muy guapo.

⓫ ¿Ustedes son médicos?

⓬ No, somos cantantes.

España y sus comunidades
스페인 자치주 살펴보기

▲ 스페인 자치주

스페인은 유럽의 서쪽 이베리아 반도에 위치해 있습니다. 국토는 한반도의 약 2.3배로, 인구의 대부분을 차지하는 민족은 라틴족이며, 70% 이상이 가톨릭을 믿습니다. 스페인은 크게 북부·동부·중부·남부로 나뉘는데요. 피레네산맥에서 포르투갈 국경까지 좁고 긴 해안으로 이루어진 북부 지역에는 10세기 전후에 들어선 로마네스크 양식의 멋진 교회들이 많이 남아 있어요. 프랑스와 가까운 동부 지역 또한 옛 수도원이나 로마 시대 건축물 등 역사적인 유적지가 많고, 특히 동부 해안은 겨울에도 따뜻한 기후여서 관광객들에게 인기가 높은 지역이죠. 수도 마드리드가 위치한 중부 지역은 최대 포도주 생산지랍니다. 특히 '라만차(La Mancha)'는 세계적으로 큰 규모를 자랑하는 재배지 중 하나예요.

뿐만 아니라 로마 유적지를 비롯해 중세 시대의 저택과 고딕 양식의 대성당이 많아 화려한 볼거리를 자랑하는 곳입니다. 남부 지역은 동쪽의 사막 지대와 습지, 네바다산맥과 해안까지 다양한 자연환경을 접할 수 있는 곳입니다. 올리브 생산지로도 유명하지요. 잘 알려진 플라멩코와 투우 역시 남부 지역인 안달루시아 지방의 문화랍니다. 이렇듯 스페인은 지역마다 날씨도, 문화도 다르고 지역마다 고유 언어도 존재하는 등 다양한 즐길거리가 넘치는 흥미로운 나라랍니다.

하루 빨리 왕초보를 탈출해서 스페인으로 여행을 떠나 봅시다!

PARTE

02

Yessi는 아파.

핵심
학습 　상태 및 위치 말하기

Capítulo 07	나는 피곤합니다.
Capítulo 08	우리들은 피곤합니다.
Capítulo 09	나는 집에 있습니다.
Capítulo 10	ser, estar 동사 복습하기

Capítulo 07

Estoy cansado/a.

나는 피곤합니다.

학습 목표

이번 강의에서는 estar 동사의 현재시제 단수 인칭 변화를 익히고, 'estar 동사 + 형용사' 문형으로 상태 및 기분에 대해 말해 봅시다.

학습 단어

cansado/a 피곤한 | enfermo/a 아픈 | muy 매우 | feliz 행복한 | aburrido/a 심심한

지난 시간 복습

잠깐! 다시 떠올려 볼까요?

지난 강의에서 배운 주요 표현을 다시 한 번 짚어 봅시다.

- ✔ 나는 학생이다. → Soy estudiante.
- ✔ 너는 학생이다. → Eres estudiante.
- ✔ 우리들은 학생들이다. → Somos estudiantes.
- ✔ 너희들은 학생들이다. → Sois estudiantes.

- ✔ Yessi는 예뻐? → ¿Yessi es guapa?
- ✔ 응, 그녀는 예뻐. → Sí, es guapa.
- ✔ 아니, 그녀는 안 예뻐. → No, no es guapa.

- ✔ 당신은 (남자) 화가예요? → ¿Usted es pintor?
- ✔ 네, (남자) 화가예요. → Sí, soy pintor.
- ✔ 아니요, (남자) 변호사예요. → No, soy abogado.

오늘도 하나씩 쌓아 가기!

오늘도 숫자와 표현을 하나씩 쌓고, 오늘의 단어와 밑줄 포인트를 익혀 봅시다.

❶ 오늘의 숫자

- ✔ 숫자 7 → siete

❷ 오늘의 표현

- ✔ 너 어떻게 지내니? → ¿Qué tal?

❸ 오늘의 단어

✔ 피곤한 → cansado/a

✔ ~이다, ~에 있다 → estar

✔ 피곤하다 → estar cansado/a

✔ 피곤하지 않다 → no estar cansado/a

✔ 아픈 → enfermo/a

✔ 아프다 → estar enfermo/a

✔ 매우 → muy

❹ 오늘의 밑줄 긋기

◆ ser 동사는 사물의 본질이나 출신 등을 나타낼 때 쓰이고, estar 동사는 주어의 현재 상태나 잠정적인 위치를 나타낼 때 쓰입니다. 두 동사의 차이점을 꼭 기억해 주세요!

Ej Juan es activo. 후안은 활발한 사람이다.

Hoy Juan no está activo. 후안은 오늘 활발하지 않다.

오늘의 학습

오늘은 무엇을 배워 볼까요?

❶ 오늘의 핵심 포인트

estar 동사는 보통 '~이다' 혹은 '~에 있다'라고 해석됩니다. 이번 강의에서는 단수 인칭에 따른 estar 동사의 현재시제 변화 형태를 학습하고, estar 동사와 형용사를 결합하여 '나는 피곤해'와 같이 상태나 기분을 표현하는 법을 배워 보겠습니다. 먼저 단수 인칭에 따른 estar 동사의 현재시제 변화형을 다음의 표로 살펴보세요. 이 경우 생략할 수 있는 주어는 무엇인지도 함께 기억하세요.

Yo	estoy
Tú	estás
Usted / Él / Ella	está

❷ 응용하기: estar + 피곤한 = 피곤하다

주어가 남성일 때

- ✔ 나는 피곤하다. → Estoy cansado.
- ✔ 너는 피곤하다. → Estás cansado.
- ✔ 당신은 피곤하다. → Usted está cansado.
- ✔ 그는 피곤하다. → Él está cansado.

- ✔ 너 피곤하니? → ¿Estás cansado?
- ✔ 응, 나 피곤해. → Sí, estoy cansado.
- ✔ 아니, 나 피곤하지 않아. → No, no estoy cansado.

주어가 여성일 때

✔ 나는 피곤하다. → Estoy cansada.

✔ 너는 피곤하다. → Estás cansada.

✔ 당신은 피곤하다. → Usted está cansada.

✔ 그녀는 피곤하다. → Ella está cansada.

✔ 너 피곤하니? → ¿Estás cansada?

✔ 응, 나 피곤해. → Sí, estoy cansada.

✔ 아니, 나 피곤하지 않아. → No, no estoy cansada.

❸ **응용하기: estar + 아픈 = 아프다**

주어가 남성일 때

✔ 나는 아프다. → Estoy enfermo.

✔ 너는 아프다. → Estás enfermo.

✔ 당신은 아프다. → Usted está enfermo.

✔ 그는 아프다. → Él está enfermo.

✔ 너는 아프니? → ¿Estás enfermo?

✔ 응, 나는 아파. → Sí, estoy enfermo.

✔ 아니, 나는 아프지 않아. → No, no estoy enfermo.

주어가 여성일 때

✔ 나는 아프다. → Estoy enferma.

✔ 너는 아프다. → Estás enferma.

✔ 당신은 아프다. → Usted está enferma.

✔ 그녀는 아프다. → Ella está enferma.

✔ 너는 아프니? → ¿Estás enferma?

✔ 응, 나는 아파. → Sí, estoy enferma.

✔ 아니, 나는 아프지 않아. → No, no estoy enferma.

✏️ 따라 써 보기 | 한국어 해석을 보면서 스페인어를 써 보세요.

1 (남자) 나는 피곤하다.

Estoy cansado.

2 (여자) 너는 피곤하다.

Estás cansada.

3 (남자) 당신은 아프다.

Usted está enfermo.

4 (여자) 그녀는 아프다.

Ella está enferma.

5 (남자) 너는 아프니?

¿Estás enfermo?

6 (남자) 응, 나는 아파.

Sí, estoy enfermo.

연습 문제

오늘 배운 내용을 완전히 내 것으로 만들어 봐요!

❶ 인칭대명사에 알맞은 estar 동사를 적어 문장을 완성해 봅시다.

a. (남자) 나는 피곤해.　　(Yo) _____ cansado.

b. (남자) 너는 피곤하다.　(Tú) _____ cansado.

c. 그 / 당신은 피곤하다.　Él / Usted _____ cansado.

❷ 나열된 단어를 순서대로 배열하여 문장을 만들어 봅시다.

a. Daniel, 너는 피곤하니?

(Daniel / cansado / estás)

➡ _____

b. 응, 나는 매우 피곤해.

(muy / estoy / sí / cansado)

➡ _____

c. Yessi, 너는 아프니?

(enferma / estás / Yessi)

➡ _____

d. 아니, 나는 아프지 않아.

(estoy / no / no / enferma)

➡ _____

❸ 오늘 배운 표현들을 직접 작문해 봅시다.

a. Daniel, 너는 피곤하니?

➡ _____

b. 응, 나는 매우 피곤해.

➡ _____

c. Yessi, 너는 아프니?

➡ _____

d. 아니, 나는 아프지 않아.

➡ _____

❹ 제시된 단어를 이용해 직접 작문해 봅시다.

> feliz 행복한 | aburrido/a 심심한

a. 나는 행복하다. ➡ _____

b. 너는 행복하니? ➡ _____

c. 아니, 나는 행복하지 않아. ➡ _____

d. (여자) 너는 심심하니? ➡ _____

e. 아니, (여자) 나는 심심하지 않아. ➡ _____

오늘 꼭 기억해 두어야 할 문장! 완전히 내 것으로 만들어 봐요.

❶ Daniel, ¿estás cansado? ❷ Sí, estoy muy cansado.

❸ Yessi, ¿estás enferma? ❹ No, no estoy enferma.

정답

1　a. estoy / b. estás / c. está

2-3　a. Daniel, ¿estás cansado? / b. Sí, estoy muy cansado. / c. Yessi, ¿estás enferma? / d. No, no estoy enferma.

4　a. Estoy feliz. / b. ¿Estás feliz? / c. No, no estoy feliz. / d. ¿Estás aburrida? / e. No, no estoy aburrida.

Estamos cansados/as.

우리들은 피곤합니다.

학습 목표
이번 강의에서는 estar 동사의 현재시제 복수 인칭 변화를 익히고,
'estar 동사 + 형용사' 문형으로 상태 및 기분에 대해 말해 봅시다.

학습 단어
cansado/a 피곤한 | enfermo/a 아픈 | nervioso/a 긴장한 | enfadado/a 화가 난

지난 시간 복습

잠깐! 다시 떠올려 볼까요?

❶ 단수 인칭에 따른 estar 동사의 현재시제 변화 형태

estar 동사는 상태나 기분 혹은 위치를 나타낼 때 쓰는 동사입니다.

Yo	estoy
Tú	estás
Usted / Él / Ella	está

❷ 지난 강의 주요 표현

estar + 피곤한 = 피곤하다

estar cansado/a: 피곤하다, estar enfermo/a: 아프다

✔ Juan, 너는 피곤하니?   ➡ Juan, ¿estás cansado?

✔ 응, 나는 피곤해.   ➡ Sí, estoy cansado.

✔ 아니, 나는 피곤하지 않아.   ➡ No, no estoy cansado.

오늘도 하나씩 쌓아 가기!

오늘의 숫자와 표현을 하나씩 쌓고, 오늘의 단어와 밑줄 포인트를 익혀 봅시다.

❶ 오늘의 숫자

✔ 숫자 8 ➡ ocho

❷ 오늘의 표현

✔ 너는 어떻게 지내니? ➡ ¿Cómo estás?

❸ 오늘의 단어

✔ bien ➡ 잘   estar bien ➡ 잘 지내다, 괜찮다(bien은 성, 수 구분이 없습니다.)

❹ 오늘의 밑줄 긋기

◆ 오늘 계속해서 배울 estar 동사는 안부를 물어볼 때 '지내다'라는 뜻이 됩니다. 'cómo'는 '어떻게 ~?'라는 뜻의 의문사로, 'cómo'와 'estar 동사'가 만나 '어떻게 지내니?'라는 뜻이 됩니다.

오늘의 학습

오늘은 무엇을 배워 볼까요?

① 오늘의 핵심 포인트

estar 동사의 현재시제 복수 인칭 변화를 표를 통해 살펴봅시다.

Nosotros/as	estamos
Vosotros/as	estáis
Ustedes / Ellos / Ellas	están

✔ (주어가 남성일 때) 나는 피곤하다.　　　　➡ Estoy cansado.

✔ (주어가 남성일 때) 우리들은 피곤하다.　　➡ Estamos cansados.

② 응용하기: estar cansados/as

주어가 남성일 때

✔ 우리들은 피곤하다.　　　➡ Estamos cansados.

✔ 너희들은 피곤하다.　　　➡ Estáis cansados.

✔ 당신들은 피곤하다.　　　➡ Ustedes están cansados.

✔ 그들은 피곤하다.　　　　➡ Ellos están cansados.

✔ 너희들은 피곤하니?　　　➡ ¿Estáis cansados?

✔ 응, 우리들은 피곤해.　　　➡ Sí, estamos cansados.

✔ 아니, 우리들은 괜찮아.　　➡ No, estamos bien.

주어가 여성일 때

✔ 우리들은 피곤하다.　　　➡ Estamos cansadas.

✔ 너희들은 피곤하다.　　　➡ Estáis cansadas.

✔ 당신들은 피곤하다.　　　➡ Ustedes están cansadas.

✔ 그녀들은 피곤하다.　　　➡ Ellas están cansadas.

✔ 너희들은 괜찮니? → ¿Estáis bien?

✔ 응, 우리들은 괜찮아. → Sí, estamos bien.

✔ 아니, 우리들은 안 괜찮아. → No, no estamos bien.

✔ 우리들은 피곤해. → Estamos cansadas.

❸ 응용하기: estar enfermos/as

주어가 남성일 때

✔ 우리들은 아프다. → Estamos enfermos.

✔ 너희들은 아프다. → Estáis enfermos.

✔ 당신들은 아프다. → Ustedes están enfermos.

✔ 그들은 아프다. → Ellos están enfermos.

✔ 당신들은 아픕니까? → ¿Ustedes están enfermos?

✔ 네, 우리들은 아픕니다. → Sí, estamos enfermos.

✔ 아니요, 우리들은 괜찮습니다. → No, estamos bien.

주어가 여성일 때

✔ 우리들은 아프다. → Estamos enfermas.

✔ 너희들은 아프다. → Estáis enfermas.

✔ 당신들은 아프다. → Ustedes están enfermas.

✔ 그녀들은 아프다. → Ellas están enfermas.

✔ 당신들은 아픕니까? → ¿Ustedes están enfermas?

✔ 네, 우리들은 아픕니다. → Sí, estamos enfermas.

✔ 아니요, 우리들은 괜찮습니다. → No, estamos bien.

STEP 3

연습 문제

오늘 배운 내용을 완전히 내 것으로 만들어 봐요!

❶ 인칭대명사에 알맞은 estar 동사를 적어 문장을 완성해 봅시다.

a. (남자) 우리들은 피곤해.   (Nosotros) ⬜⬜⬜ cansados.

b. (남자) 너희들은 피곤하다.   (Vosotros) ⬜⬜⬜ cansados.

c. 그녀들은 피곤하다.   (Ellas) ⬜⬜⬜ cansadas.

❷ 나열된 단어를 순서대로 배열하여 문장을 만들어 봅시다.

a. 당신들은 괜찮아요?
(bien / ustedes / están)

➡ _____

b. 네, 우리들은 괜찮아요.
(estamos / sí, / bien)

➡ _____

c. (주어가 남성일 때) 아니요, 우리들은 아파요.
(no, / enfermos / estamos)

➡ _____

d. 그들은 피곤하다.
(cansados / están / ellos)

➡ _____

e. 그녀들은 아프다.
(están / ellas / enfermas)

➡ _____

③ 오늘 배운 표현들을 직접 작문해 봅시다.

   a. 당신들은 괜찮아요?

   ➡ _____

   b. 네, 우리들은 괜찮아요.

   ➡ _____

   c. (주어가 남성일 때) 아니요, 우리들은 아파요.

   ➡ _____

   d. 그들은 피곤하다.

   ➡ _____

   e. 그녀들은 아프다.

   ➡ _____

④ 제시된 단어를 이용해 직접 작문해 봅시다.

nervioso/a 긴장한   enfadado/a 화가 난

   a. (주어가 남성일 때) 당신들은 긴장했어요? ➡ _____

   b. 아니요, 우리들은 괜찮아요. ➡ _____

   c. (주어가 남성일 때) 너희들은 화났니? ➡ _____

   d. 아니, 우리들은 화나지 않았어. ➡ _____

오늘 꼭 기억해 두어야 할 문장! 완전히 내 것으로 만들어 봐요.

① ¿Ustedes están bien?   **②** Sí, estamos bien.

③ No, estamos enfermos.   **④** Ellos están cansados.

⑤ Estamos cansados.   **⑥** Ellas están enfermas.

정답

1   **a.** estamos / **b.** estáis / **c.** están

2-3   **a.** ¿Ustedes están bien? / **b.** Sí, estamos bien. / **c.** No, estamos enfermos. / **d.** Ellos están cansados. / **e.** Ellas están enfermas.

4   **a.** ¿Ustedes están nerviosos? / **b.** No, estamos bien. / **c.** ¿Estáis enfadados? / **d.** No, no estamos enfadados.

Capítulo 09

Estoy en casa.

나는 집에 있습니다.

 학습 목표 estar 동사의 두 번째 쓰임새인 위치 표현 용법을 학습해 보겠습니다.

 학습 단어 **resfriado/a** 감기 걸린 | **casa** f. 집 | **mamá** f. 엄마 | **papá** m. 아빠 | **aquí** 여기 | **ahí** 거기 | **dónde** 어디, 어디에

지난 시간 복습

잠깐! 다시 떠올려 볼까요?

① estar 동사 현재시제 변화 형태

7강과 8강에서 estar 동사의 현재시제 동사 변화 및 'estar 동사 + 형용사' 결합 구조를 활용해서 기분, 상태 말하기를 배웠습니다.

estar + 피곤한 = 피곤하다 / estar + 아픈 = 아프다

Yo	estoy
Tú	estás
Usted / Él / Ella	está
Nosotros/as	estamos
Vosotros/as	estáis
Ustedes / Ellos / Ellas	están

② 지난 강의 주요 표현

주어가 여성일 때

✔ 너희들은 괜찮아?   → ¿Estáis bien?

✔ 응, 우리들은 괜찮아.   → Sí, estamos bien.

✔ 아니, 우리들은 아파.   → No, estamos enfermas.

estar 동사와 함께 쓸 수 있는 새로운 형용사 'resfriado/a 감기 걸린'를 활용해서 말해 봅시다.

✔ (주어가 남성일 때) 나는 감기 걸렸어.   → Estoy resfriado.

✔ (주어가 여성일 때) 나는 감기 걸렸어.   → Estoy resfriada.

오늘도 하나씩 쌓아 가기!

오늘의 숫자와 표현을 하나씩 쌓고, 오늘의 단어와 밑줄 포인트를 익혀 봅시다.

① 오늘의 숫자

　✔ 숫자 9 ➡ nueve

② 오늘의 표현

　✔ Bien.(= Estoy bien.)　　　➡ 잘 지내.

　✔ Muy bien.(= Estoy muy bien.)　➡ 아주 잘 지내.

③ 오늘의 단어

　✔ resfriado/a　　　　➡ 감기 걸린

　✔ estar resfriado/a　　➡ 감기 걸리다

　✔ estar　　　　　　➡ ~이다/ ~에 있다(위치)

　✔ estar en ~　　　　➡ ~에 있다

　✔ Seúl　　　　　　➡ 서울

　✔ Corea　　　　　➡ 한국

　✔ Japón　　　　　➡ 일본

　✔ México　　　　　➡ 멕시코 [메히꼬]

TIP 이때 'X(x)'는 'ㅎ' 발음이 납니다.

✔ casa   → 집

✔ mamá   → 엄마

✔ papá   → 아빠

✔ aquí   → 여기

✔ ahí   → 거기

✔ dónde   → 어디, 어디에

✔ estar con ~   → ~와 있다

❹ 오늘의 밑줄 긋기

🔖 '나는 여기에 있어'라고 표현할 때는 'estoy aquí'라고 하면 됩니다. 'aquí' 혹은 'ahí'를 estar 동사와 함께 사용할 땐 전치사 'en'을 사용하지 않는다는 점, 기억해 주세요!

> **Ej** ¿Estás ahí? 너는 거기에 있니?
>
> Ella está aquí. 그녀는 여기에 있어.

STEP 2 오늘의 학습

오늘은 무엇을 배워 볼까요?

① 오늘의 핵심 포인트

이번 강의에서는 estar 동사를 사용하여 위치를 나타내는 방법을 학습해 보겠습니다.

② 응용하기: estar + en + 장소

스페인어에서 위치를 나타내기 위해서는 전치사 'en'을 사용하는 것이 일반적입니다. 'en + 장소'는 '~에'를 의미하며, 'estar + en + 장소'는 '~에 있다'를 나타냅니다.

- ✔ 서울에 있다. → estar en Seúl.
- ✔ 한국에 있다. → estar en Corea.
- ✔ 멕시코에 있다. → estar en México.
- ✔ 집에 있다. → estar en casa.

- ✔ 나는 집에 있어. → Estoy en casa.
- ✔ 나는 집에 없어. → No estoy en casa.

- ✔ 엄마 집에 없어. → Mamá no está en casa.

- ✔ 너는 집에 있어. → Estás en casa.
- ✔ 너는 집에 있니? → ¿Estás en casa?
- ✔ 응, 나는 집에 있어. → Sí, estoy en casa.
- ✔ 아니, 나는 집에 없어. → No, no estoy en casa.

- ✔ 아빠 집에 있어? → ¿Papá está en casa?
- ✔ 응, 집에 있어. → Sí, está en casa.

❸ 의문사 'dónde 어디'를 활용한 문장

의문사가 들어간 의문문은 **'의문사 + 동사 +주어'** 순으로 말합니다.

✔ 너는 어디에 있어?	→ ¿Dónde estás (tú)?
✔ 나는 집에 있어.	→ Estoy en casa.
✔ 당신은 어디에 있어요?	→ ¿Dónde está usted?
✔ 저는 한국에 있어요.	→ Estoy en Corea.
✔ Juan은 어디에 있어?	→ ¿Dónde está Juan?
✔ 울산에 있어.	→ Está en Ulsan.
✔ 엄마는 어디에 있어?	→ ¿Dónde está mamá?
✔ 부산에 있어.	→ Está en Busan.
✔ 너희들은 어디에 있어?	→ ¿Dónde estáis?
✔ 우리들은 여기에 있어.	→ Estamos aquí.
✔ 그들은 어디에 있어?	→ ¿Dónde están ellos?
✔ 집에 있어.	→ Están en casa.

✎ 따라 써 보기 | 한국어 해석을 보면서 스페인어를 써 보세요.

A 아빠 집에 있어? ¿Papá está en casa?

응, 집에 있어. Sí, está en casa. **B**

A 당신은 어디에 있어요? ¿Dónde está usted?

저는 한국에 있어요. Estoy en Corea. **B**

연습 문제

오늘 배운 내용을 완전히 내 것으로 만들어 봐요!

❶ 인칭대명사에 알맞은 estar 동사를 적어 문장을 완성해 봅시다.

a. (남자) 나는 피곤하다.　　　　　Yo _____ cansado.

b. (남자) 너는 피곤하다.　　　　　Tú _____ cansado.

c. 그녀는 피곤하다.　　　　　　　Ella _____ cansada.

d. (남자) 우리들은 피곤하다.　　　Nosotros _____ cansados.

e. (여자) 너희들은 피곤하다.　　　Vosotras _____ cansadas.

f. 그녀들은 피곤하다.　　　　　　Ellas _____ cansadas.

❷ 나열된 단어를 순서대로 배열하여 문장을 만들어 봅시다.

a. 너는 어디에 있어?
　(estás / dónde)

→ _____

b. 나는 집에 있어.
　(en / estoy / casa)

→ _____

c. 엄마는 집에 있어?
　(está / en / mamá / casa)

→ _____

d. 응, 나는 그녀랑 같이 있어.
　(con / estoy / sí, / ella)

→ _____

③ 오늘 배운 표현들을 직접 작문해 봅시다.

　a. 너는 어디에 있어?

　➡ _____

　b. 나는 집에 있어.

　➡ _____

　c. 엄마는 집에 있어?

　➡ _____

　d. 응, 나는 그녀랑 같이 있어.

　➡ _____

④ 제시된 단어를 이용해 직접 작문해 봅시다.

| Busan 부산 | Francia 프랑스 |

　a. 너는 부산에 있어?　　➡ _____

　b. 응, 나는 부산에 있어.　➡ _____

　c. 아니, 나는 서울에 있어.　➡ _____

　d. Julia는 어디에 있어?　➡ _____

　e. 프랑스에 있어.　　　➡ _____

오늘 꼭 기억해 두어야 할 문장! 완전히 내 것으로 만들어 봐요.

❶ ¿Dónde estás?　　　　❷ Estoy en casa.

❸ ¿Mamá está en casa?　❹ Sí, estoy con ella.

정답

1　a. estoy / b. estás / c. está / d. estamos / e. estáis / f. están

2-3　a. ¿Dónde estás? / b. Estoy en casa. / c. ¿Mamá está en casa? / d. Sí, estoy con ella.

4　a. ¿Estás en Busan? / b. Sí, estoy en Busan. / c. No, estoy en Seúl. / d. ¿Dónde está Julia? / e. Está en Francia.

Capítulo

10

ser, estar 동사
복습하기

학습 목표 지난 강의에서 배웠던 ser 동사와 estar 동사를 복습해 보겠습니다.

학습 단어 México m. 멕시코 | mexicano m. 멕시코 남자 | mexicana f. 멕시코 여자 | alegre 기쁜, 즐거운 | guapo/a 잘생긴, 예쁜 | activo/a 활발한 | cansado/a 피곤한 | enfermo/a 아픈 | casa f. 집

STEP 1 지난 시간 복습

잠깐! 다시 떠올려 볼까요?

❶ 지난 강의 주요 표현

✔ 학생	→ estudiante	✔ 잘생긴, 예쁜	→ guapo/a
✔ 의사	→ médico/a	✔ 활발한	→ activo/a
✔ 선생님	→ profesor/a	✔ 친절한	→ amable
✔ 변호사	→ abogado/a	✔ 피곤한	→ cansado/a
✔ 화가	→ pintor/ra	✔ 아픈	→ enfermo/a

✔ 한국인	→ coreano/a	✔ 감기 걸린	→ resfriado/a
✔ 중국인	→ chino/a		
✔ 일본인	→ japonés/sa		

성격, 외모 표현

✔ ser + 예쁜	→ 예쁘다
✔ ser + 친절한	→ 친절하다
✔ ser + 활발한	→ 활발하다

상태, 기분 표현

✔ estar + 피곤한	→ 피곤하다
✔ estar + 아픈	→ 아프다
✔ estar + 감기 걸린	→ 감기 걸리다

위치 표현

✔ estar + en + 장소 → ~에 있다

오늘도 하나씩 쌓아 가기!

오늘의 숫자와 표현을 하나씩 쌓고, 오늘의 단어와 밑줄 포인트를 익혀 봅시다.

❶ 오늘의 숫자

✔ 숫자 10 ➡ diez

❷ 오늘의 표현

✔ Mal.(= Estoy mal.)   ➡ 상태가 나빠.

✔ Muy mal.(= Estoy muy mal.)   ➡ 상태가 매우 나빠.

❸ 오늘의 단어

✔ México   ➡ 멕시코 [메히꼬]

✔ mexicano   ➡ 멕시코 남자 [메히까노]

✔ mexicana   ➡ 멕시코 여자 [메히까나]

✔ alegre   ➡ 기쁜, 즐거운

✔ estar alegre   ➡ 기쁘다, 즐겁다

❹ 오늘의 밑줄 긋기

🖋 'alegre'는 '기쁜, 즐거운'이라는 뜻으로 'estoy alegre'라고 하면 '나는 즐거워'라는 뜻이 된답니다. 'alegre'는 성별에 따른 변화 없이 수 변화만 하는 형용사로, 복수일 경우 끝에 '-s'만 붙여 주면 됩니다. 그러면 '우리들은 즐거워'는 'estamos alegres'라고 말하면 되겠죠?

STEP 2

오늘의 학습

오늘은 무엇을 배워 볼까요?

① 오늘의 핵심 포인트

ser 동사와 estar 동사는 비슷한 뜻을 가지고 있지만 쓰임은 매우 다릅니다. '예쁘다, 친절하다, 활발하다'와 같이 외모나 성격, 직업, 국적 등 원래 가지고 있는 특성을 나타내는 경우에는 ser 동사를 사용하고, '피곤하다, 아프다, 감기 걸리다'처럼 일시적인 건강 상태나 위치를 말할 때에는 estar 동사를 사용합니다.

② ser 동사

직업

✔ 나는 학생이다.	→ Soy estudiante.
✔ 너는 학생이다.	→ Eres estudiante.
✔ 당신은 학생이다.	→ Usted es estudiante.
✔ 그는 학생이다.	→ Él es estudiante.

국적

✔ 나는 한국인(남자)이다.	→ Soy coreano.
✔ 너는 한국인(남자)이다.	→ Eres coreano.
✔ 당신은 한국인(남자)이다.	→ Usted es coreano.
✔ 그는 한국인(남자)이다.	→ Él es coreano.

✔ 우리들은 중국인(남자)들이다.	→ Somos chinos.
✔ 너희들은 중국인(남자)들이다.	→ Sois chinos.
✔ 당신들은 중국인(남자)들이다.	→ Ustedes son chinos.
✔ 그들은 중국인(남자)들이다.	→ Ellos son chinos.

외모, 성격

✔ 나는 잘생겼다. → Soy guapo.

✔ 너는 잘생겼다. → Eres guapo.

✔ 당신은 잘생겼다. → Usted es guapo.

✔ 그는 잘생겼다. → Él es guapo.

✔ (주어가 여성일 때) 우리들은 활발하다. → Somos activas.

✔ (주어가 여성일 때) 너희들은 활발하다. → Sois activas.

✔ (주어가 여성일 때) 당신들은 활발하다. → Ustedes son activas.

✔ (주어가 여성일 때) 그녀들은 활발하다. → Ellas son activas.

❸ estar 동사

기분

✔ 너는 기쁘니? → ¿Estás alegre?

✔ 응, 나는 매우 기뻐. → Sí, estoy muy alegre.

✔ 아니, 나는 기쁘지 않아. → No, no estoy alegre.

건강 상태

✔ (주어가 남성일 때) 나는 피곤하다. → Estoy cansado.

✔ (주어가 남성일 때) 너는 피곤하다. → Estás cansado.

✔ (주어가 남성일 때) 당신은 피곤하다. → Usted está cansado.

✔ (주어가 남성일 때) 그는 피곤하다. → Él está cansado.

✔ (주어가 남성일 때) 우리들은 아프다.   ➡ Estamos enfermos.

✔ (주어가 남성일 때) 너희들은 아프다.   ➡ Estáis enfermos.

✔ (주어가 남성일 때) 당신들은 아프다.   ➡ Ustedes están enfermos.

✔ (주어가 남성일 때) 그들은 아프다.   ➡ Ellos están enfermos.

위치

✔ 너는 어디에 있어?   ➡ ¿Dónde estás?

✔ 나는 한국에 있어.   ➡ Estoy en Corea.

✔ 엄마는 어디에 있어?   ➡ ¿Dónde está mamá?

✔ 집에 있어.   ➡ Está en casa.

✏️ 따라 써 보기 | 한국어 해석을 보면서 스페인어를 써 보세요.

1 당신은 한국인(남자)이다.

Usted es coreano.

2 당신들은 중국인(남자)들이다.

Ustedes son chinos.

3 (주어가 여성일 때) 당신들은 활발하다.

Ustedes son activas.

4 (주어가 여성일 때) 그녀들은 활발하다.

Ellas son activas.

5 (주어가 남성일 때) 당신은 피곤하다.

Usted está cansado.

연습 문제

오늘 배운 내용을 완전히 내 것으로 만들어 봐요!

❶ 인칭대명사에 알맞은 ser 동사 또는 estar 동사를 적어 문장을 완성해 봅시다.

a. 나는 즐겁다.　　　　　　　　　Yo ＿＿＿＿＿ alegre.

b. 너는 가수다.　　　　　　　　　Tú ＿＿＿＿＿ cantante.

c. 그녀는 피곤하다.　　　　　　　Ella ＿＿＿＿＿ cansada.

d. 우리들은 한국인(여자)들이다.　　Nosotras ＿＿＿＿＿ coreanas.

e. 너희(남자)들은 아프다.　　　　　Vosotros ＿＿＿＿＿ enfermos.

f. 그(남자)들은 매우 심심하다.　　　Ellos ＿＿＿＿＿ muy aburridos.

❷ 나열된 단어를 순서대로 배열하여 문장을 만들어 봅시다.

a. 그들은 (남자) 의사들이다.
(son / ellos / médicos)

➡ ＿＿＿＿＿＿＿＿＿＿＿＿＿＿＿＿＿＿＿＿＿＿＿＿＿＿＿＿

b. 나는 매우 예쁘다.
(guapa / soy / muy)

➡ ＿＿＿＿＿＿＿＿＿＿＿＿＿＿＿＿＿＿＿＿＿＿＿＿＿＿＿＿

c. 나는 일본 출신이다.
(Japón / de / soy)

➡ ＿＿＿＿＿＿＿＿＿＿＿＿＿＿＿＿＿＿＿＿＿＿＿＿＿＿＿＿

d. (주어가 여성일 때) 나는 매우 피곤하다.
(muy / cansada / estoy)

➡ ＿＿＿＿＿＿＿＿＿＿＿＿＿＿＿＿＿＿＿＿＿＿＿＿＿＿＿＿

e. 너는 어디에 있어?
(estás / dónde)

➡ ＿＿＿＿＿＿＿＿＿＿＿＿＿＿＿＿＿＿＿＿＿＿＿＿＿＿＿＿

f. 나는 마드리드에 있어.
(en / Madrid / estoy)

➡ ＿＿＿＿＿＿＿＿＿＿＿＿＿＿＿＿＿＿＿＿＿＿＿＿＿＿＿＿

❸ 오늘 배운 표현들을 직접 작문해 봅시다.

a. 그들은 (남자) 의사들이다.

➡ _____

b. 나는 매우 예쁘다.

➡ _____

c. 나는 일본 출신이다.

➡ _____

d. (주어가 여성일 때) 나는 매우 피곤하다.

➡ _____

e. 너는 어디에 있어?

➡ _____

f. 나는 마드리드에 있어.

➡ _____

❹ ser 동사 또는 estar 동사를 이용해 직접 작문해 봅시다.

a. 나는 Yessi야.　　　➡ _____

b. 너는 원빈이니?　　　➡ _____

c. Daniel은 어디에 있어?　➡ _____

d. 집에 있어.　　　　➡ _____

e. Daniel은 감기에 걸렸어.　➡ _____

오늘 꼭 기억해 두어야 할 문장! 완전히 내 것으로 만들어 봐요.

❶ Ellos son médicos.　　　❷ Soy muy guapa.

❸ Soy de Japón.　　　　❹ Estoy muy cansada.

❺ ¿Dónde estás?　　　　❻ Estoy en Madrid.

정답

1　**a.** estoy / **b.** eres / **c.** está / **d.** somos / **e.** estáis / **f.** están

2-3　**a.** Ellos son médicos. / **b.** Soy muy guapa. / **c.** Soy de Japón. / **d.** Estoy muy cansada. / **e.** ¿Dónde estás? / **f.** Estoy en Madrid.

4　**a.** Soy Yessi. / **b.** ¿Eres 원빈? / **c.** ¿Dónde está Daniel? / **d.** Está en casa. / **e.** Daniel está resfriado.

1 Estoy cansado.

2 ¿Estás cansado?

3 No, no estoy cansado.

4 ¿Estáis bien?

5 Sí, estamos bien.

6 No, estamos enfermas.

7 ¿Dónde estás (tú)?

8 Estoy en casa.

9 ¿Dónde están ellos?

10 Están en casa.

11 Él es guapo.

12 Ellas son activas.

Museo Nacional Del Prado
마드리드의 프라도 미술관

▲ 시녀들(Las Meninas)-디에고 벨라스케스(Diego velasquez)
　프라도 미술관(Museo Nacional Del Prado)

혹시 위 사진 속 그림에 대해 들어 본 적 있나요? 스페인 국적의 17세기 화가 디에고 벨라스케스(Diego velasquez)의 '시녀들(Las Meninas)'이라는 작품입니다. 1656년경에 제작되었다고 알려진 이 작품의 제목은 본래 '펠리페 4세의 가족(La familia de Felipe IV)'이었다가 1843년 이후 '시녀들'이라는 제목으로 다시 등장하게 되었습니다. 빛이 비추는 밝은 곳과 어두운 곳을 섬세하게 표현하여 마치 사진을 찍은 것처럼 사실적이라는 평가를 받고 있는 이 작품은, 표현 기법뿐만 아니라 그림 속 등장인물들의 미세한 감정과 섬세한 상황 묘사를 통해 당시 왕궁 생활의 모습을 사실적으로 그려 내어 큰 주목을 받았습니다. 이런 유명한 작품들을 실제로 만날 수 있는 곳이 바로 스페인 마드리드에 위치한 '프라도 미술관(Museo Nacional Del Prado)'입니다. 프라도 미술관은 1819년에 개관하여 오랜 역사를 지닌, 스페인을 대표하는 미술관 중 하나인데요. 15세기부터 스페인 왕실이 수집한 회화와 조각, 소묘, 판화 등 유럽의 이름난 미술 작품들을 만나 볼 수 있으니, 마드리드를 여행하신다면 꼭 한번 방문해 보세요.

> **프라도 미술관(MUSEO NACIONAL DEL PRADO)**
> ● 개장 시간: 월요일-토요일 10:00-20:00 /
> 　　　　　　일요일, 휴일 10:00-19:00
> ● 휴관일: 1월 1일 / 5월 1일 / 12월 25일
> ● 50% 할인 시간: 월요일-토요일 18:00-20:00 /
> 　　　　　　　　일요일, 휴일 17:00-19:00
> ● 개장 단축일: 1월 6일 / 12월 24일, 31일 10:00-14:00
> ● 주소: calle Ruiz de Alarcón 23 28014 Madrid

PARTE
03

Yessi는
스페인어를 말해.

**핵심
학습**
-ar 동사 현재시제
규칙 변화 형태 말하기

Capítulo 11   나는 스페인어를 말합니다.

Capítulo 12   우리들은 영어를 말합니다.

Hablo español.

나는 스페인어를 말합니다.

**학습
목표**

모든 스페인어 동사의 원형은 끝 철자가 '-ar / -er / -ir'로 끝나며, 이 분류에 따라
다양한 동사 변화 규칙들이 있습니다. 우선 이번 강의에서는 'hablar 말하다', 'tomar
마시다' 동사로 -ar 동사의 현재시제 규칙 변화 형태를 살펴보겠습니다.

**학습
단어**

hablar 말하다 | **tomar** 마시다 | **café** m. 커피 | **cerveza** f. 맥주 | **un poco** 조금 |
coreano m. 한국어 | **agua** f. 물

지난 시간 복습

잠깐! 다시 떠올려 볼까요?

❶ ser 동사와 estar 동사의 쓰임

영어의 be 동사와 같이 존재나 특징을 나타내는 스페인어 동사가 바로 ser 동사와 estar 동사입니다. ser 동사는 '나는 예쁘다, 나는 한국인이다'와 같은 국적이나 외모, 성격 등을 표현할 수 있습니다. estar 동사는 가변적인 상태나 기분을 나타내거나 위치를 표현할 때 사용할 수 있는 동사입니다. 인칭대명사에 따른 ser 동사와 estar 동사의 변화형을 한눈에 다시 짚어 보겠습니다.

ser ~이다		estar ~이다, ~있다	
Yo	soy	Yo	estoy
Tú	eres	Tú	estás
Usted / Él / Ella	es	Usted / Él / Ella	está
Nosotros/as	somos	Nosotros/as	estamos
Vosotros/as	sois	Vosotros/as	estáis
Ustedes / Ellos / Ellas	son	Ustedes / Ellos / Ellas	están

❷ 지난 강의 주요 표현

- ✔ 나는 학생이다. → Soy estudiante.
- ✔ 너는 한국인(남자)이다. → Eres coreano.
- ✔ 그는 잘생겼어. → Él es guapo.
- ✔ (주어가 여성일 때) 우리들은 활발하다. → Somos activas.
- ✔ (주어가 남성일 때) 당신은 피곤하다. → Usted está cansado.
- ✔ (주어가 남성일 때) 너희들은 아프다. → Estáis enfermos.

- ✔ 엄마 어디에 있어? → ¿Dónde está mamá?
- ✔ 집에 있어. → Está en casa.

오늘도 하나씩 쌓아 가기!

오늘의 숫자와 표현을 하나씩 쌓고, 오늘의 단어와 밑줄 포인트를 익혀 봅시다.

❶ 오늘의 숫자

✔ 숫자 11 ➡ once

❷ 오늘의 표현

✔ 그저 그래. ➡ Así así.

❸ 오늘의 단어

✔ 말하다   ➡ hablar

✔ 마시다   ➡ tomar

✔ 스페인어를 말하다 ➡ hablar español

✔ 커피를 마시다   ➡ tomar café

✔ 조금   ➡ un poco

✔ 맥주   ➡ cerveza

❹ 오늘의 밑줄 긋기

✎ 'hablar español 스페인어를 말하다'에서의 'español'은 'A는 B이다'처럼 주어의 성질이나 상태를 나타내는 의미가 아니기 때문에 주어의 성, 수에 일치시킬 필요가 없습니다. 이 점 꼭 기억해 주세요!

오늘의 학습

오늘은 무엇을 배워 볼까요?

① 오늘의 핵심 포인트

이번 강의에서는 단수 인칭에 따른 -ar 동사 현재시제 규칙 변화를 배워 보겠습니다. -ar 동사에 해당하는 규칙 동사로는 대표적으로 'hablar 말하다' 동사와 'tomar 마시다' 동사가 있습니다. -ar 동사가 인칭에 따라 어떻게 변화하는지 다음의 표로 확인해 보세요.

hablar 말하다		tomar 마시다	
Yo	hablo	Yo	tomo
Tú	hablas	Tú	tomas
Usted / Él / Ella	habla	Usted / Él / Ella	toma

hablar, tomar와 같이 -ar로 끝나는 형태는 동사 원형 형태 중 하나입니다. 동사 원형은 실제 회화에서 많이 사용되므로 동사 변형과 함께 잘 기억해 두세요.

② hablar 동사 변화 및 응용

Yo	hablo
Tú	hablas
Usted / Él / Ella	habla

✔ 나는 스페인어를 말한다.　　　　→ Hablo español.

✔ 너는 스페인어를 말한다.　　　　→ Hablas español.

✔ 당신은 스페인어를 말한다.　　　→ Usted habla español.

✔ 그는 스페인어를 말한다.　　　　→ Él habla español.

✔ 그녀는 스페인어를 말한다.　　　→ Ella habla español.

✔ 나는 스페인어를 말하지 못한다.　　→ No hablo español.

✔ 너는 스페인어를 말하지 못한다.　　→ No hablas español.

✔ 당신은 스페인어를 말하지 못한다.　→ Usted no habla español.

✔ 그는 스페인어를 말하지 못한다.　　→ Él no habla español.

✔ 그녀는 스페인어를 말하지 못한다.　→ Ella no habla español.

✔ 너는 스페인어를 말하니?　　→ ¿Hablas español?

✔ 응, 나 스페인어 말해.　　→ Sí, hablo español.

✔ 아니, 나 스페인어 말하지 못해.　　→ No, no hablo español.

✔ 나 스페인어 조금 말해.　　→ Hablo español un poco.
　　　　　　　　　　　　　　　　　(= Hablo un poco. / Un poco.)

TIP 'no hablar'는 '말하지 않는다'이지만, 'no hablar + 언어'의 경우 '말하지 못한다'로 해석됩니다.

❸ tomar 동사 변화 및 응용

Yo	tom**o**
Tú	tom**as**
Usted / Él / Ella	tom**a**

✔ 나는 커피를 마신다.　　→ Tomo café.

✔ 너는 커피를 마신다.　　→ Tomas café.

✔ 당신은 커피를 마신다.　　→ Usted toma café.

✔ 그는 커피를 마신다.　　→ Él toma café.

✔ 그녀는 커피를 마신다.　　→ Ella toma café.

✔ 나는 맥주를 마신다.　　　　　→ Tomo cerveza.

✔ 너는 맥주 마셔?　　　　　　　→ ¿Tomas cerveza?

✔ 당신은 맥주를 마셔요?　　　　→ ¿Usted toma cerveza?

✔ 네, 맥주 마셔요.　　　　　　　→ Sí, tomo cerveza.

✔ Yessi는 맥주 마시니?　　　　→ ¿Yessi toma cerveza?

✔ 나는 커피를 안 마신다.　　　　→ No tomo café.

✔ 너는 커피를 안 마신다.　　　　→ No tomas café.

✔ 당신은 커피를 안 마신다.　　　→ Usted no toma café.

✔ 그는 커피를 안 마신다.　　　　→ Él no toma café.

✔ 그녀는 커피를 안 마신다.　　　→ Ella no toma café.

✎ **따라 써 보기** | 한국어 해석을 보면서 스페인어를 써 보세요.

① 당신은 스페인어를 말한다.

Usted habla español.

② 그는 스페인어를 말하지 못한다.

Él no habla español.

③ 당신은 맥주를 마셔요?

¿Usted toma cerveza?

④ 당신은 커피를 안 마신다.

Usted no toma café.

⑤ 그녀는 커피를 안 마신다.

Ella no toma café.

연습 문제

오늘 배운 내용을 완전히 내 것으로 만들어 봐요!

❶ 인칭대명사에 따라 알맞은 hablar 동사와 tomar 동사의 변화형을 적어 봅시다.

	hablar	tomar
a. Yo		
b. Tú		
c. Él / Ella / Usted		

❷ 나열된 단어를 순서대로 배열하여 문장을 만들어 봅시다.

a. 너는 스페인어를 말하니?
(español / hablas)

➡ _____

b. 응, 나는 스페인어를 말해.
(hablo / sí / español)

➡ _____

c. 아니, 나는 스페인어를 말하지 못해.
(español / no / no / hablo)

➡ _____

d. 너는 커피를 마시니?
(café / tomas)

➡ _____

e. 응, 나는 커피를 마셔.
(tomo / sí / café)

➡ _____

❸ 오늘 배운 표현들을 직접 작문해 봅시다.

a. 너는 스페인어를 말하니?
➡ _____

b. 응, 나는 스페인어를 말해.
➡ _____

c. 아니, 나는 스페인어를 말하지 못해.

➡ _____

d. 너는 커피를 마시니?

➡ _____

e. 응, 나는 커피를 마셔.

➡ _____

④ 제시된 단어를 이용해 직접 작문해 봅시다.

coreano m. 한국어 | agua f. 물

a. 너는 한국어를 말하니?　➡ _____

b. 나는 한국어를 말해.　➡ _____

c. 그는 한국어를 말하니?　➡ _____

d. 그는 한국어를 말하지 못해.　➡ _____

e. 당신은 물을 마십니까?　➡ _____

f. 저는 물을 마시지 않습니다.　➡ _____

g. 그녀는 물을 마십니까?　➡ _____

h. 그녀는 물을 마신다.　➡ _____

오늘 꼭 기억해 두어야 할 문장! 완전히 내 것으로 만들어 봐요.

❶ ¿Hablas español?　　　**❷** Sí, hablo español.

❸ No, no hablo español.　　**❹** ¿Tomas café?

❺ Sí, tomo café.

정답

1　**a.** hablo – tomo / **b.** hablas – tomas / **c.** habla – toma

2-3　**a.** ¿Hablas español? / **b.** Sí, hablo español. / **c.** No, no hablo español. / **d.** ¿Tomas café? / **e.** Sí, tomo café.

4　**a.** ¿Hablas coreano? / **b.** Hablo coreano. / **c.** ¿Él habla coreano? / **d.** Él no habla coreano. / **e.** ¿Usted toma agua? / **f.** No tomo agua. / **g.** ¿Ella toma agua? / **h.** Ella toma agua.

Capítulo 12

Hablamos inglés.

우리들은 영어를 말합니다.

학습 목표 이번 시간에서는 복수 인칭에 따른 -ar 동사의 현재시제 규칙 변화를 학습해 보겠습니다.

학습 단어 **español** m. 스페인인(남), 스페인어 | **inglés** m. 영국인(남), 영어 | **chino** m. 중국인(남), 중국어 | **coreano** m. 한국인(남), 한국어 | **japonés** m. 일본인(남), 일본어 | **café** m. 커피 | **cerveza** f. 맥주 | **té** m. 차 | **agua** f. 물 | **tequila** m. 떼낄라

지난 시간 복습

잠깐! 다시 떠올려 볼까요?

❶ 단수 인칭에 따른 hablar 동사와 tomar 동사 현재시제 규칙 변화

지난 강의에서는 단수 인칭에 따른 -ar 현재시제 규칙 변화를 배웠습니다. 대표적인 -ar 동사인 hablar 동사와 tomar 동사의 변형 형태를 복습하겠습니다.

hablar 말하다		tomar 마시다	
Yo	habl**o**	Yo	tom**o**
Tú	habl**as**	Tú	tom**as**
Usted / Él / Ella	habl**a**	Usted / Él / Ella	tom**a**

❷ 지난 강의 주요 표현

✔ 너는 영어를 말하니?   → ¿Hablas inglés?

✔ 응, 나는 영어를 말해.   → Sí, hablo inglés.

✔ 응, 나는 영어 조금 말해   → SÍ, hablo inglés un poco.

✔ 아니, 나는 영어를 말하지 않아.   → No, no hablo inglés.

✔ 너는 커피를 마시니?   → ¿Tomas café?

✔ 응, 나는 커피를 마셔.   → Sí, tomo café.

✔ 아니, 나는 커피를 안 마셔.   → No, no tomo café.

오늘도 하나씩 쌓아 가기!

오늘의 숫자와 표현을 하나씩 쌓고, 오늘의 단어와 밑줄 포인트를 익혀 봅시다.

① 오늘의 숫자

✔ 숫자 12 ➡ doce

② 오늘의 표현

✔ 그리고 너는? ➡ ¿Y tú?

③ 오늘의 단어

✔ español ➡ 스페인인(남) / 스페인어

✔ inglés ➡ 영국인(남) / 영어

✔ chino ➡ 중국인(남) / 중국어

✔ coreano ➡ 한국인(남) / 한국어

✔ japonés ➡ 일본인(남) / 일본어

✔ café ➡ 커피

✔ cerveza ➡ 맥주

✔ té ➡ 차

✔ agua ➡ 물

④ 오늘의 밑줄 긋기

✎ 앞에서 배웠던 나라별 남성 형용사, 여성 형용사 표기법을 기억하시나요? 언어를 지칭하는 단어는 일반적으로 해당 국적의 남성 형용사 형태를 사용합니다. 영어는 미국과 영국, 캐나다 등 사용하는 국가가 많으므로 영국인(남자)을 뜻하는 'inglés'를 대표적인 영어 명칭으로 사용한다는 점, 기억해 두세요!

🔢 독일어: alemán / 프랑스어: francés / 러시아어: ruso / 이탈리아어: italiano

오늘의 학습

오늘은 무엇을 배워 볼까요?

❶ 오늘의 핵심 포인트

이번 시간에는 복수 인칭에 따른 -ar 동사 현재시제 규칙 변화를 배워 보겠습니다. -ar 동사가 복수 인칭에 따라 어떻게 변화하는지 자세히 확인해 주세요.

hablar 말하다		tomar 마시다	
Nosotros/as	hablamos	Nosotros/as	tomamos
Vosotros/as	habláis	Vosotros/as	tomáis
Ustedes / Ellos / Ellas	hablan	Ustedes / Ellos / Ellas	toman

'hablar', 'tomar'와 같이 '-ar'로 끝나는 형태는 동사 원형 형태 중 하나입니다. 동사 원형은 실제 회화에서 많이 사용되므로 동사 변형과 함께 잘 기억해 두세요.

❷ hablar 동사 변형 및 응용

hablar 말하다	
Nosotros/as	hablamos
Vosotros/as	habláis
Ustedes / Ellos / Ellas	hablan

- ✔ 우리들은 스페인어를 말한다.   → Hablamos español.
- ✔ 너희들은 스페인어를 말한다.   → Habláis español.
- ✔ 당신들은 스페인어를 말한다.   → Hablan español.
- ✔ 너희들은 스페인어를 말하니?   → ¿Habláis español?
- ✔ 응, 우리들은 스페인어를 말해.   → Sí, hablamos español.

✔ 우리는 한국어를 말한다. → Hablamos coreano.

✔ 너희들은 한국어 말하니? → ¿Habláis coreano?

✔ 당신들은 한국어를 말하나요? → ¿Hablan coreano?

✔ 너희들은 일본어 말하니? → ¿Habláis japonés?

✔ 아니, 우리들은 일본어를 말하지 못한다. → No, no hablamos japonés.

✔ 우리들은 중국어를 말한다. → Hablamos chino.

✔ 너희들은 중국어를 말한다. → Habláis chino.

✔ 당신들은 중국어를 말한다. → Ustedes hablan chino.

✔ 그들은 중국어를 말한다. → Ellos hablan chino.

✔ 그녀들은 중국어를 말한다. → Ellas hablan chino.

✔ 우리들은 중국어를 말하지 못한다. → No hablamos chino.

✔ 너희들은 중국어를 말하지 못한다. → No habláis chino.

✔ 당신들은 중국어를 말하지 못한다. → Ustedes no hablan chino.

✔ 그들은 중국어를 말하지 못한다. → Ellos no hablan chino.

✔ 그녀들은 중국어를 말하지 못한다. → Ellas no hablan chino.

✔ 너희들은 중국어를 말하니? → ¿Habláis chino?

✔ 응, 우리들은 중국어를 말해. → Sí, hablamos chino.

✔ 아니, 우리들은 중국어를 말하지 않아. → No, no hablamos chino.

③ **tomar 동사 변형 및 응용**

tomar 마시다	
Nosotros/as	tom**amos**
Vosotros/as	tom**áis**
Ustedes / Ellos / Ellas	tom**an**

✔ 우리는 커피를 마신다. → Tomamos café.

✔ 너희들은 커피를 마시니? → ¿Tomáis café?

✔ 당신들은 커피를 마시나요? → ¿Toman café?

✔ 우리는 맥주를 마신다. → Tomamos cerveza.

✔ 너희들은 맥주를 마시니? → ¿Tomáis cerveza?

✔ 우리는 차를 마신다. → Tomamos té.

✔ 너희들은 차를 마시니? → ¿Tomáis té?

✔ 아니, 우리는 물을 마신다. → No, tomamos agua.

✔ 우리들은 떼낄라를 마신다. → Tomamos tequila.

✔ 너희들은 떼낄라를 마신다. → Tomáis tequila.

✔ 당신들은 떼낄라를 마신다. → Ustedes toman tequila.

✔ 그들은 떼낄라를 마신다. → Ellos toman tequila.

✔ 그녀들은 떼낄라를 마신다. → Ellas toman tequila.

✔ 우리들은 떼낄라를 마시지 않는다. → No tomamos tequila.

✔ 너희들은 떼낄라를 마시지 않는다. → No tomáis tequila.

✔ 당신들은 떼낄라를 마시지 않는다. → Ustedes no toman tequila.

✔ 그들은 떼낄라를 마시지 않는다. → Ellos no toman tequila.

✔ 그녀들은 떼낄라를 마시지 않는다. → Ellas no toman tequila.

📅 어휘 체크 ┃ 스페인어를 보고, 알맞은 뜻에 체크 표시(√)를 해 보세요.

1	café	☐ 커피	☐ 카카오	2	coreano	☐ 한국인(남)	☐ 한국
3	té	☐ 음식	☐ 차	4	cerveza	☐ 맥주	☐ 와인
5	chino	☐ 중국	☐ 중국인(남)	6	agua	☐ 소나기	☐ 물
7	japonés	☐ 일본인(남)	☐ 일본	8	español	☐ 스페인	☐ 스페인인(남)

정답 1. 커피 2. 한국인(남) 3. 차 4. 맥주 5. 중국인(남) 6. 물 7. 일본인(남) 8. 스페인인(남)

연습 문제

오늘 배운 내용을 완전히 내 것으로 만들어 봐요!

① 인칭대명사에 따라 알맞은 hablar 동사와 tomar 동사의 변화형을 적어 봅시다.

	hablar	tomar
a. Nosotros/as		
b. Vosotros/as		
c. Ustedes / Ellos / Ellas		

② 나열된 단어를 순서대로 배열하여 문장을 만들어 봅시다.

a. 너희들은 떼낄라를 마시니?
(tequila / tomáis)

➡ _____

b. 응, 우리들은 떼낄라를 마셔.
(tomamos / sí / tequila)

➡ _____

c. 아니, 우리들은 떼낄라를 안 마셔.
(tequila / no / no / tomamos)

➡ _____

③ 오늘 배운 표현들을 직접 작문해 봅시다.

a. 너희들은 떼낄라를 마시니?

➡ _____

b. 응, 우리들은 떼낄라를 마셔.

➡ _____

c. 아니, 우리들은 떼낄라를 안 마셔.

➡ _____

❹ 제시된 단어를 이용해 직접 작문해 봅시다.

> japonés m. 일본어 | té m. 차 | café m. 커피

a. 너희들은 일본어를 말하니?　➡ _____

b. 응, 우리들은 일본어를 말해.　➡ _____

c. 아니, 우리들은 일본어를 말하지 못해.　➡ _____

d. 당신들은 차를 마셔요?　➡ _____

e. 네, 우리들은 차를 마셔요.　➡ _____

f. 아니요, 우리들은 커피를 마셔요.　➡ _____

오늘 꼭 기억해 두어야 할 문장! 완전히 내 것으로 만들어 봐요.

❶ ¿Tomáis tequila?

❷ Sí, tomamos tequila.

❸ No, no tomamos tequila.

정답

1   a. hablamos – tomamos / b. habláis – tomáis / c. hablan – toman

2-3   a. ¿Tomáis tequila? / b. Sí, tomamos tequila. / c. No, no tomamos tequila.

4   a. ¿Habláis japonés? / b. Sí, hablamos japonés. / c. No, no hablamos japonés. / d. ¿Ustedes toman té? / e. Sí, tomamos té. / f. No, tomamos café.

주요 문장 한번 더 짚고 가기!

1. Hablo español.

2. Usted habla español.

3. Él no habla español.

4. Ella no habla español.

5. ¿Hablas español?

6. Hablo español un poco.

7. ¿Tomáis tequila?

8. No tomamos tequila.

9. Ustedes no toman tequila.

10. Ellos no toman tequila.

11. Ellas no toman tequila.

La tomatina
발렌시아의 토마토 축제

▲ 라 토마티나(La tomatina)

'스페인' 하면 가장 먼저 떠오르는 축제가 있죠! 바로 '라 토마티나(La tomatina)'라고 불리는 토마토 축제입니다. 이 토마토 축제는 스페인 발렌시아(Valencia)주에서 매년 여름에 열리는데요, 1940년대 중반 무렵 마을 광장에서 토마토를 던지며 싸움을 한 데서 유래되었다고 합니다. 이 축제는 매년 8월 마지막 주 수요일에 발렌시아주의 '부뇰(Buñol)'이라는 도시에서 개최되고 있습니다.

축제가 열리는 8월 즈음이 되면 전 세계 각지에서 엄청난 인파가 몰려오고, 발렌시아주는 그야말로 토마토 축제를 즐기기 위해 방문한 관광객으로 인산인해를 이룬답니다.

축제 당일 오전 11시가 되면 햄을 매단 긴 장대가 마을 광장에 등장하고, 누군가가 긴 장대를 기어올라 햄을 따는 데 성공하면 토마토 축제가 시작됩니다. 토마토를 가득 실은 트럭이 도착하면, 그때부터 토마토 던지기가 1시간가량 진행되는데요. 이 토마토 던지기 축제에 사용되는 토마토만 약 15만 개, 140여 톤에 이른다고 합니다.

정열적인 스페인을 꼭 빼닮은 토마토 축제! 스페인 발렌시아에서 한여름의 뜨거운 축제를 꼭 한번 즐겨 보세요!

● La tomatina 예약 사이트: https://www.tomatina.es

PARTE

04

Yessi는 탱고를 배워.

핵심 학습   -er / -ir 동사 현재시제
규칙 변화 형태 말하기

Capítulo 13   나는 탱고를 배웁니다.

Capítulo 14   우리들은 탱고를 배웁니다.

Capítulo 15   나는 서울에 삽니다.

Capítulo 13

Aprendo tango.

나는 탱고를 배웁니다.

학습 목표

이번 시간에는 단수 인칭에 따른 -er 동사 현재 시제 규칙 변화 형태를 살펴보겠습니다.
앞에서 -ar 동사의 규칙 변화를 완벽하게 익혔다면, -ar 동사와 -er 동사의 규칙 변화는
유사한 점이 많기 때문에 이번 강의 내용이 어렵지 않을 거예요. 한번 시작해 볼까요?

학습 단어

comer 먹다 | **aprender** 배우다 | **paella** f. 빠에야 | **cuy** m. 꾸이(기니피그 요리) |
ganar dinero 돈을 벌다 | **español** m. 스페인어, 스페인 남자

지난 시간 복습

잠깐! 다시 떠올려 볼까요?

❶ hablar 동사와 tomar 동사 현재시제 규칙 변화

hablar 말하다		tomar 마시다	
Yo	hablo	yo	tomo
Tú	hablas	Tú	tomas
Usted / Él / Ella	habla	Usted / Él / Ella	toma
Nosotros/as	hablamos	Nosotros/as	tomamos
Vosotros/as	habláis	Vosotros/as	tomáis
Ustedes / Ellos / Ellas	hablan	Ustedes / Ellos / Ellas	toman

❷ 지난 강의 주요 표현

✔ 너희들은 중국어를 말하니?   → ¿Habláis chino?

✔ 응, 우리들은 중국어를 말해.   → Sí, hablamos chino.

✔ 아니, 우리들은 중국어 말하지 못해.   → No, no hablamos chino.

✔ 너희들은 떼낄라 마시니?   → ¿Tomáis tequila?

✔ 응, 우리들은 떼낄라 마셔.   → Sí, tomamos tequila.

✔ 아니, 우리들은 떼낄라 안 마셔.   → No, no tomamos tequila.

이번에는 새로운 표현 'ganar dinero (돈을) 벌다'를 활용하여 문장을 만들어 봅시다.

ganar (돈을) 벌다	
Yo	gano
Tú	ganas
Usted / Él / Ella	gana
Nosotros/as	ganamos
Vosotros/as	gánais
Ustedes / Ellos / Ellas	ganan

✔ 너는 돈을 버니? ➡ ¿Ganas dinero?

✔ 응, 나는 돈을 벌어. ➡ Sí, gano dinero.

✔ 아니, 나는 돈을 벌지 않아. ➡ No, no gano dinero.

오늘도 하나씩 쌓아 가기!

오늘의 숫자와 표현을 하나씩 쌓고, 오늘의 단어와 밑줄 포인트를 익혀 봅시다.

❶ 오늘의 숫자

✔ 숫자 13 ➡ trece

❷ 오늘의 표현

✔ 감사합니다. ➡ Gracias.

✔ 매우 감사합니다. ➡ Muchas gracias.

❸ 오늘의 단어

✔ 먹다 ➡ comer

✔ 배우다 ➡ aprender

✔ 빠에야 ➡ paella

✔ 꾸이(기니피그 요리) ➡ cuy

TIP 페루의 전통 요리인 '꾸이(cuy)'는 예로부터 귀한 손님이 오면 대접했다는 담백하고 고소한 맛의 현지 보양식으로, 오늘날 페루를 비롯해 남미에서 맛볼 수 있는 대중적인 음식입니다.

❹ 오늘의 밑줄 긋기

◆ 스페인어에는 영어의 'the'처럼 명사마다 함께 쓰이는 정관사가 있습니다. 'el(남성 단수), los(남성 복수), la(여성 단수), las(여성 복수)'인데요. 'hablar 말하다, aprender 배우다, estudiar 공부하다' 동사 뒤에는 보통 관사를 생략한다는 사실, 미리 기억해 두세요! 관사에 대한 학습은 2탄에서 함께 공부해 보도록 해요!

STEP 2

오늘의 학습

오늘은 무엇을 배워 볼까요?

❶ 오늘의 핵심 포인트

이번 시간에는 단수 인칭에 따른 -er 동사의 현재시제 규칙 변화를 배워 보겠습니다. -er 동사에 해당하는 규칙 동사는 대표적으로 'comer 먹다'와 'aprender 배우다' 동사가 있습니다.

comer 먹다	
Yo	com**o**
Tú	com**es**
Usted / Él / Ella	com**e**

aprender 배우다	
Yo	aprend**o**
Tú	aprend**es**
Usted / Él / Ella	aprend**e**

❷ comer 동사 변화 및 응용

Yo	com**o**
Tú	com**es**
Usted / Él / Ella	com**e**

✔ 나는 빠에야를 먹는다. → Como paella.

✔ 너는 빠에야를 먹는다. → Comes paella.

✔ 그녀는 빠에야를 먹는다. → Ella come paella.

✔ 나는 꾸이를 먹는다.   → Como cuy.

✔ 너는 꾸이를 먹는다.   → Comes cuy.

✔ 당신은 꾸이를 먹는다.   → Usted come cuy.

✔ 그는 꾸이를 먹는다.   → Él come cuy.

✔ 그녀는 꾸이를 먹는다.   → Ella come cuy.

✔ 나는 꾸이를 안 먹는다.   → No como cuy.

✔ 너는 꾸이를 안 먹는다.   → No comes cuy.

✔ 당신은 꾸이를 안 먹는다.   → Usted no come cuy.

✔ 그는 꾸이를 안 먹는다.   → Él no come cuy.

✔ 그녀는 꾸이를 안 먹는다.   → Ella no come cuy.

✔ 너는 꾸이를 먹니?   → ¿Comes cuy?

✔ 응, 나는 꾸이를 먹어.   → Sí, como cuy.

✔ 아니, 나는 꾸이를 안 먹어.   → No, no como cuy.

❸ aprender 동사 변화 및 응용

Yo	aprend**o**
Tú	aprend**es**
Usted / Él / Ella	aprend**e**

✔ 나는 스페인어를 배워.   → Aprendo español.
✔ 나는 중국어를 배워.   → Aprendo chino.

✔ 너는 중국어를 배우니?	→ ¿Aprendes chino?
✔ 아니, 나는 중국어를 안 배워.	→ No, no aprendo chino.
✔ 나는 영어를 배워.	→ Aprendo inglés.
✔ 너는 한국어를 배우니?	→ ¿Aprendes coreano?
✔ 당신은 한국어를 배우세요?	→ ¿Usted aprende coreano?
✔ 너는 스페인어를 배우니?	→ ¿Aprendes español?
✔ 응, 나는 스페인어를 배워.	→ Sí, aprendo español.
✔ 아니, 나는 스페인어를 배우지 않아.	→ No, no aprendo español.

✎ **따라 써 보기** | 한국어 해석을 보면서 스페인어를 써 보세요.

❶ 너는 꾸이를 먹는다.

Comes cuy.

❷ 너는 꾸이를 안 먹는다.

No comes cuy.

❸ 그녀는 꾸이를 먹는다.

Ella come cuy.

❹ 그녀는 꾸이를 안 먹는다.

Ella no come cuy.

❺ 나는 중국어를 안 배워.

No aprendo chino.

연습 문제

오늘 배운 내용을 완전히 내 것으로 만들어 봐요!

❶ 인칭대명사에 알맞은 comer 동사와 aprender 동사 변화를 적어 봅시다.

	comer	aprender
a. Yo		
b. Tú		
c. Usted / Él / Ella		

❷ 나열된 단어를 순서대로 배열하여 문장을 만들어 봅시다.

a. 너는 꾸이를 먹니?
(comes / cuy)

➡ _____

b. 응, 나는 꾸이를 먹어.
(cuy / sí / como)

➡ _____

c. 아니, 나는 꾸이를 안 먹어.
(no / como / no / cuy)

➡ _____

d. 너는 스페인어를 배우니?
(español / aprendes)

➡ _____

e. 응, 나는 스페인어를 배워.
(aprendo / sí / español)

➡ _____

f. 아니, 나는 한국어를 배워.
(coreano / no / aprendo)

➡ _____

❸ 오늘 배운 표현들을 직접 작문해 봅시다.

   a. 너는 꾸이를 먹니?
   ➡ _____

   b. 응, 나는 꾸이를 먹어.
   ➡ _____

   c. 아니, 나는 꾸이를 안 먹어.
   ➡ _____

   d. 너는 스페인어를 배우니?
   ➡ _____

   e. 응, 나는 스페인어를 배워.
   ➡ _____

   f. 아니, 나는 한국어를 배워.
   ➡ _____

❹ 제시된 단어를 이용해 직접 작문해 봅시다.

paella f. 빠에야 | español m. 스페인어

   a. 나는 빠에야를 안 먹어.   ➡ _____

   b. 너는 빠에야를 먹니?   ➡ _____

   c. 그는 빠에야를 먹어.   ➡ _____

   d. 그녀는 스페인어를 배우지 않아.   ➡ _____

오늘 꼭 기억해 두어야 할 문장! 완전히 내 것으로 만들어 봐요.

❶ ¿Comes cuy?   ❷ Sí, como cuy.

❸ No, no como cuy.   ❹ ¿Aprendes español?

❺ Sí, aprendo español.   ❻ No, aprendo coreano.

정답

1   a. como – aprendo / b. comes – aprendes / c. come – aprende

2-3   a. ¿Comes cuy? / b. Sí, como cuy. / c. No, no como cuy. / d. ¿Aprendes español? / e. Sí, aprendo español. /
     f. No, aprendo coreano.

4   a. No como paella. / b. ¿Comes paella? / c. Él come paella. / d. Ella no aprende español.

Capítulo 14

Aprendemos tango.

우리들은 탱고를 배웁니다.

학습 목표

'나는 스페인어를 배우지 않는다, 나는 영어를 배운다' 이 한글 문장을 스페인어로 말할 수 있나요? 지난 시간에 열심히 공부했다면, 이 문장을 말하는 데 어려움은 없을 거예요. 이번 강의에서는 **복수 인칭에 따른 -er 동사 현재시제 규칙 변화 형태**를 학습하겠습니다.

학습 단어

mariscos m. 해산물 | comer mariscos 해산물을 먹다 | tango m. 탱고 | pollo m. 닭고기 | café m. 커피 | vender 팔다

지난 시간 복습

잠깐! 다시 떠올려 볼까요?

❶ 단수 인칭에 따른 comer 동사와 aprender 동사 현재시제 규칙 변화

comer 먹다	
Yo	com**o**
Tú	com**es**
Usted / Él / Ella	com**e**

aprender 배우다	
Yo	aprend**o**
Tú	aprend**es**
Usted / Él / Ella	aprend**e**

❷ 지난 강의 주요 표현

✔ 너는 꾸이를 먹니? → ¿Comes cuy?

✔ 응, 나는 꾸이를 먹어. → Sí, como cuy.

✔ 아니, 나는 꾸이를 안 먹어. → No, no como cuy.

✔ 너는 스페인어를 배우니? → ¿Aprendes español?

✔ 응, 나는 스페인어를 배워. → Sí, aprendo español.

✔ 아니, 나는 스페인어를 안 배워. → No, no aprendo español.

✔ 나는 영어를 배워. → Aprendo inglés.

오늘도 하나씩 쌓아 가기!

오늘의 숫자와 표현을 하나씩 쌓고, 오늘의 단어와 밑줄 포인트를 익혀 봅시다.

① 오늘의 숫자

✔ 숫자 14 → catorce

② 오늘의 표현

✔ 천만에요. → De nada.

③ 오늘의 단어

✔ 해산물 → mariscos

✔ 해산물을 먹다 → comer mariscos

✔ 탱고 → tango

④ 오늘의 밑줄 긋기

✎ 'De nada 천만에요'와 같은 뜻으로 'Por nada'라고도 말합니다. 둘 다 '천만에요'라는 뜻으로 자주 쓰이는 표현이니 함께 알아 두세요!

오늘의 학습

오늘은 무엇을 배워 볼까요?

❶ 오늘의 핵심 포인트

이번 시간에는 복수 인칭에 따른 -er 현재시제 규칙 동사 변형을 배워 봅시다. -er가 복수 인칭에 따라 어떻게 변화하는지 자세히 확인해 주세요. -ar 규칙 변화와 어떤 부분에서 유사한지 찾으며 공부하면 훨씬 빨리 외울 수 있습니다.

❷ comer 동사 변형 및 응용

comer 먹다	
Nosotros/as	com**emos**
Vosotros/as	com**éis**
Ustedes / Ellos / Ellas	com**en**

✔ 우리들은 빠에야를 먹는다. → Comemos paella.

✔ 우리들은 꾸이를 먹는다. → Comemos cuy.

✔ 우리들은 꾸이를 안 먹는다. → No comemos cuy.

✔ 너희들은 빠에야를 먹니? → ¿Coméis paella?

✔ 너희들은 꾸이를 먹니? → ¿Coméis cuy?

✔ 당신들은 꾸이를 먹어요? → ¿Ustedes comen cuy?

✔ 당신들은 빠에야를 먹어요? → ¿Ustedes comen paella?

✔ 우리들은 해산물을 먹는다. → Comemos mariscos.

✔ 너희들은 해산물을 먹는다. → Coméis mariscos.

✔ 당신들은 해산물을 먹는다. → Ustedes comen mariscos.

✔ 그들은 해산물을 먹는다. → Ellos comen mariscos.

✔ 그녀들은 해산물을 먹는다. → Ellas comen mariscos.

우리들은 해산물을 안 먹는다.	→ No comemos mariscos.
너희들은 해산물을 안 먹는다.	→ No coméis mariscos.
당신들은 해산물을 안 먹는다.	→ Ustedes no comen mariscos.
그들은 해산물을 안 먹는다.	→ Ellos no comen mariscos.
그녀들은 해산물을 안 먹는다.	→ Ellas no comen mariscos.

너희들은 해산물을 먹니?	→ ¿Coméis mariscos?
응, 우리들은 해산물을 먹어.	→ Sí, comemos mariscos.
아니, 우리들은 해산물을 안 먹어.	→ No, no comemos mariscos.

❸ aprender 동사 변화 및 응용

aprender 배우다	
Nosotros/as	aprend**emos**
Vosotros/as	aprend**éis**
Ustedes / Ellos / Ellas	aprend**en**

우리들은 스페인어를 배운다.	→ Aprendemos español.
우리들은 영어를 배운다.	→ Aprendemos inglés.
우리들은 스페인어를 배운다 / Yessi와 함께.	→ Aprendemos español **con Yessi.**

너희들은 영어를 배우니?	→ ¿Aprendéis inglés?
너희들은 중국어를 배우니?	→ ¿Aprendéis chino?
너희들은 일본어를 배우니?	→ ¿Aprendéis japonés?
너희들은 한국어를 배우니?	→ ¿Aprendéis coreano?
당신들은 한국어를 배우세요?	→ ¿Ustedes aprenden coreano?

✔ 우리들은 탱고를 배운다. → Aprendemos tango.

✔ 너희들은 탱고를 배운다. → Aprendéis tango.

✔ 당신들은 탱고를 배운다. → Ustedes aprenden tango.

✔ 그들은 탱고를 배운다. → Ellos aprenden tango.

✔ 그녀들은 탱고를 배운다. → Ellas aprenden tango.

✔ 너희들은 탱고를 배우니? → ¿Aprendéis tango?

✔ 응, 우리들은 탱고를 배워. → Sí, aprendemos tango.

✔ 아니, 우리들은 탱고를 안 배워. → No, no aprendemos tango.

④ vender 동사 변화 및 응용

vender 팔다	
Yo	vendo
Tú	vendes
Usted / Él / Ella	vende
Nosotros/as	vendemos
Vosotros/as	vendéis
Ustedes / Ellos / Ellas	venden

✔ 나는 커피를 판다. → Vendo café.

✔ 그는 커피를 판다. → Él vende café.

✔ 너는 커피 파니? → ¿Vendes café?

✔ 응, 나는 커피 팔아. → Sí, vendo café.

✔ 그들은 커피를 판다. → Ellos venden café.

✔ 우리들은 해산물을 판다. → Vendemos mariscos.

✔ 그녀들은 해산물을 판다. → Ellas venden mariscos.

연습 문제

오늘 배운 내용을 완전히 내 것으로 만들어 봐요!

❶ 인칭대명사에 알맞은 comer 동사와 aprender 동사 변화를 적어 보세요.

	comer	aprender
a. Nosotros/as		
b. Vosotros/as		
c. Ustedes / Ellos / Ellas		

❷ 나열된 단어를 순서대로 배열하여 문장을 만들어 봅시다.

a. 우리들은 빠에야를 먹는다.
   (paella / comemos)

➡ _____

b. 너희들은 해산물을 먹니?
   (mariscos / coméis)

➡ _____

c. 응, 우리들은 해산물을 먹어.
   (comemos / sí / mariscos)

➡ _____

d. 우리들은 Yessi와 함께 스페인어를 배운다.
   (con / aprendemos / Yessi / español)

➡ _____

e. 당신들은 탱고를 배운다.
   (aprenden / tango / ustedes)

➡ _____

❸ 오늘 배운 표현들을 직접 작문해 봅시다.

a. 우리들은 빠에야를 먹는다.
➡ _____

b. 너희들은 해산물을 먹니?
➡ _____

c. 응, 우리들은 해산물을 먹어.
➡ _____

d. 우리들은 Yessi와 함께 스페인어를 배운다.
➡ _____

e. 당신들은 탱고를 배운다.
➡ _____

❹ 제시된 단어를 이용해 직접 작문해 봅시다.

> **café** m. 커피 | **mariscos** m. 해산물 | **pollo** m. 닭고기

a. 우리들은 닭고기를 먹는다. ➡ _____
b. 너희들은 닭고기를 먹니? ➡ _____
c. 아니, 우리들은 닭고기를 안 먹어. ➡ _____
d. 너는 커피를 파니? ➡ _____
e. 당신들은 해산물을 팔아요? ➡ _____
f. 그들은 닭고기를 파나요? ➡ _____

오늘 꼭 기억해 두어야 할 문장! 완전히 내 것으로 만들어 봐요.

❶ Comemos paella.
❷ ¿Coméis mariscos?
❸ Sí, comemos mariscos.
❹ Ellos aprenden español.
❺ Ustedes aprenden tango.

정답

1   a. comemos – aprendemos / b. coméis – aprendéis / c. comen – aprenden

2-3 a. Comemos paella. / b. ¿Coméis mariscos? / c. Sí, comemos mariscos. / d. Aprendemos español con Yessi. /
   e. Ustedes aprenden tango.

4   a. Comemos pollo. / b. ¿Coméis pollo? / c. No, no comemos pollo. / d. ¿Vendes café? e. ¿Ustedes venden
   mariscos? / f. ¿Ellos venden pollo?

Capítulo 15

Vivo en Seúl.

나는 서울에 삽니다.

학습 목표

이번 시간에는 마지막 **-ir 동사의 현재시제 규칙 변화 형태**에 대해 학습하겠습니다. -ar 동사, -er 동사의 변형 형태에 익숙해졌다면, -ir 동사 변화 학습도 문제없을 거예요. -ar 동사, -er 동사와 조금 다른 부분이 있는데, 그 부분이 무엇인지 주의 깊게 확인해 주세요.

학습 단어

Seúl m. 서울 | **Argentina** f. 아르헨티나 | **España** f. 스페인 | **México** m. 멕시코 | **vivir** 살다 | **escribir** 적다, 쓰다 | **algo** 무엇, 무언가

STEP 1 지난 시간 복습

잠깐! 다시 떠올려 볼까요?

❶ -ar 동사 , -er 동사 현재시제 규칙 변화

-ar 동사	hablar tomar	말하다 마시다
-er 동사	comer aprender	먹다 배우다

	hablar 말하다	tomar 마시다
Yo	hablo	tomo
Tú	hablas	tomas
Usted / Él / Ella	habla	toma
Nosotros/as	hablamos	tomamos
Vosotros/as	habláis	tomáis
Ustedes / Ellos / Ellas	hablan	toman

	comer 먹다	aprender 배우다
Yo	como	aprendo
Tú	comes	aprendes
Usted / Él / Ella	come	aprende
Nosotros/as	comemos	aprendemos
Vosotros/as	coméis	aprendéis
Ustedes / Ellos / Ellas	comen	aprenden

❷ -ar 동사 , -er 동사 주요 표현

✔ 너는 떼낄라를 마시니?   → ¿Tomas tequila?

✔ 응, 나는 떼낄라를 마셔.   → Sí, tomo tequila.

✔ 아니, 나는 떼낄라를 안 마셔.   → No, no tomo tequila.

- 너희들은 스페인어를 배우니? → ¿Aprendéis español?
- 응, 우리들은 스페인어를 배워. → Sí, aprendemos español.
- 아니, 우리들은 탱고를 배워. → No, aprendemos tango.

오늘도 하나씩 쌓아 가기!
오늘의 숫자와 표현을 하나씩 쌓고, 오늘의 단어와 밑줄 포인트를 익혀 봅시다.

❶ 오늘의 숫자

- 숫자 15 → quince

❷ 오늘의 표현

- ¡Adiós! → 안녕!(헤어질 때 하는 인사)

❸ 오늘의 단어

- 살다 → vivir
- 서울에 살다 → vivir en Seúl
- 스페인 → España
- 아르헨티나 → Argentina
- 멕시코 → México
- 쓰다 → escribir
- 무언가를 적다 → escribir algo
- 아무것도 ~ 않다 → no 동사 nada
- 아무것도 적지 않다 → no escribir nada

❹ 오늘의 밑줄 긋기

- 헤어짐의 인사로 '¡Adiós!'와 함께 '¡Chao!'도 많이 사용됩니다. 스페인에서는 '¡Adiós!'를, 중남미에서는 '¡Chao!'를 자주 사용하니 참고하세요!

STEP
2

오늘의 학습

오늘은 무엇을 배워 볼까요?

① 오늘의 핵심 포인트

이번 시간에는 -ir 동사의 현재시제 규칙 변화를 배워 보겠습니다. vivir 동사와 escribir 동사를 통해 -ir 동사가 현재시제 규칙일 때 어떻게 변화하는지 자세히 확인해 주세요.

② vivir 동사 규칙 변화

[단수 인칭에 따른 vivir 동사 현재시제 규칙 변화]

vivir 살다	
Yo	viv**o**
Tú	viv**es**
Usted / Él / Ella	viv**e**

✔ 나는 한국에 삽니다. → Vivo en Corea.

✔ 너는 한국에 사니? → ¿Vives en Corea?

✔ 그는 한국에 사니? → ¿Vive en Corea?

✔ 나는 서울에 삽니다. → Vivo en Seúl.

✔ 너는 서울에 삽니다. → Vives en Seúl.

✔ 당신은 서울에 삽니다. → Usted vive en Seúl.

✔ 그는 서울에 삽니다. → Él vive en Seúl.

✔ 그녀는 서울에 삽니다. → Ella vive en Seúl.

✔ 너는 서울에 살아? → ¿Vives en Seúl?

✔ 당신은 서울에 살아요? → ¿Usted vive en Seúl?

✔ 네, 저는 서울에 살아요.　　　→ Sí, vivo en Seúl.

✔ 아니요, 저는 서울에 안 살아요.　→ No, no vivo en Seúl.

✔ 저는 일본에 살아요.　　　　→ Vivo en Japón.

✔ 너는 스페인에 사니?　　　　→ ¿Vives en España?

✔ 나는 아르헨티나에 삽니다.　→ Vivo en Argentina.

✔ 너는 멕시코에 살아.　　　　→ Vives en México.

[복수 인칭에 따른 vivir 동사 현재시제 규칙 변화]

vivir 살다	
Nosotros/as	vivi**mos**
Vosotros/as	viv**ís**
Ustedes / Ellos / Ellas	viv**en**

✔ 우리들은 중국에 살아.　　　→ Vivimos en China.

✔ 너희들은 중국에 사니?　　　→ ¿Vivís en China?

✔ 당신들은 중국에 사세요?　　→ ¿Ustedes viven en China?

✔ 그들은 중국에 삽니다.　　　→ Ellos viven en China.

✔ 그녀들은 중국에 삽니다.　　→ Ellas viven en China.

✔ 너희들은 한국에 살아?　　　→ ¿Vivís en Corea?

✔ 응, 우리들은 한국에 살아.　→ Sí, vivimos en Corea.

✔ 아니, 우리들은 한국에 안 살아.　→ No, no vivimos en Corea.

③ escribir 동사 현재시제 규칙 변화

escribir 적다, 쓰다	
Yo	escribo
Tú	escribes
Usted / Él / Ella	escribe
Nosotros/as	escribimos
Vosotros/as	escribís
Ustedes / Ellos / Ellas	escriben

✔ 나는 무언가를 적는다.   → Escribo algo.

✔ 너는 무언가를 적는다.   → Escribes algo.

✔ 당신은 무언가를 적는다.   → Usted escribe algo.

✔ 그는 무언가를 적는다.   → Él escribe algo.

✔ 그녀는 무언가를 적는다.   → Ella escribe algo.

✔ 우리들은 무언가를 적는다.   → Escribimos algo.

✔ 너희들은 무언가를 적는다.   → Escribís algo.

✔ 당신들은 무언가를 적는다.   → Ustedes escriben algo.

✔ 그들은 무언가를 적는다.   → Ellos escriben algo.

✔ 그녀들은 무언가를 적는다.   → Ellas escriben algo.

✔ 너는 무언가를 적니?   → ¿Escribes algo?

✔ 응, 나는 무언가를 적어.   → Sí, escribo algo.

✔ 아니, 나 아무것도 적지 않아.   → No, no escribo nada.

✔ 너희들은 무언가를 적니?   → ¿Escribís algo?

✔ 응, 우리들은 무언가를 적어.   → Sí, escribimos algo.

✔ 아니, 우리들은 아무것도 적지 않아.   → No, no escribimos nada.

연습 문제

오늘 배운 내용을 완전히 내 것으로 만들어 봐요!

❶ 인칭대명사에 알맞은 vivir 동사와 escribir 동사 변화를 적어 봅시다.

	vivir	escribir
a. Yo		
b. Tú		
c. Usted / Él / Ella		
d. Nosotros/as		
e. Vosotros/as		
f. Ustedes / Ellos / Ellas		

❷ 나열된 단어를 순서대로 배열하여 문장을 만들어 봅시다.

a. 너는 서울에 살아?
   (en / Seúl / vives)

➡ _____

b. 아니, 나는 서울에 안 살아.
   (Seúl / no / vivo / en / no)

➡ _____

c. 너는 무언가를 적니?
   (algo / escribes)

➡ _____

d. 응, 나는 무언가를 적어.
   (escribo / sí / algo)

➡ _____

③ **오늘 배운 표현들을 직접 작문해 봅시다.**

    a. 너는 서울에 살아?

    ➡ _____

    b. 아니, 나는 서울에 안 살아.

    ➡ _____

    c. 너는 무언가를 적니?

    ➡ _____

    d. 응, 나는 무언가를 적어.

    ➡ _____

④ **제시된 단어를 이용해 직접 작문해 봅시다.**

> Argentina f. 아르헨티나 | México m. 멕시코 |
> escribir algo 무언가를 적다 | no escribir nada 아무것도 안 적다

    a. 너희들은 아르헨티나에 살아?   ➡ _____

    b. 아니, 우리들은 멕시코에 살아.   ➡ _____

    c. 당신은 무언가를 적어요?   ➡ _____

    d. 아니요, 저는 아무것도 안 적어요.   ➡ _____

오늘 꼭 기억해 두어야 할 문장! 완전히 내 것으로 만들어 봐요.

❶ ¿Vives en Seúl?   ❷ Sí, vivo en Seúl.

❸ No, no vivo en Seúl.   ❹ ¿Escribes algo?

❺ Sí, escribo algo.   ❻ No, no escribo nada.

---

1 ¿Comes cuy?

2 Sí, como cuy.

3 No, no como cuy.

4 ¿Aprendéis tango?

5 Sí, aprendemos tango.

6 No, no aprendemos tango.

7 Vendo café.

8 Ellas venden mariscos.

9 ¿Usted vive en Seúl?

10 No, no vivo en Seúl.

11 ¿Escribís algo?

12 Sí, escribimos algo.

La Alhambra
안달루시아 그라나다의 알함브라 궁전

▲ 알함브라 궁전(La Alhambra) 전경

알함브라 궁전(La Alhambra)은 스페인 안달루시아 (Andalucía)주의 그라나다(Granada) 지방에 위치한 명소입니다. 그라나다는 이슬람 세력의 영향을 많이 받은 지역으로, 그라나다를 대표하는 알함브라 궁전 역시 스페인에 남아 있던 마지막 이슬람 왕국이 13~14세기에 건설한 궁전이라고 합니다.

알함브라 궁전은 카를로스 5세 궁전, 헤네랄리페 (Generalife), 알카사바(Alcazaba), 나스르 궁 (Palacios Nazaríes), 그리고 크고 작은 정원으로 이루어져 있는데요. 아라베스크(아라비아에서 시

작된 장식 무늬로, 기하학적인 직선 무늬나 덩굴무늬 따위를 교묘하게 배열한 것, 벽의 장식이나 공예품 따위에 많이 씀)를 비롯하여 건축물에 새겨진 섬세한 조각들은 물론, 아름답게 가꿔진 정원과 석류나무로 아주 유명합니다.

알함브라 궁전은 유네스코에서 지정한 세계문화유산으로 등재될 만큼 세계적인 건축물로서 그 가치를 인정받고 있는데요. 그라나다에 가면 알함브라의 이름을 딴 알함브라 맥주도 판매하고 있다고 하니, 알함브라 궁전 관람 후 한번 맛봐도 좋겠죠?

● 알함브라 궁전 관람 예약 사이트: https://tickets.alhambra-patronato.es

PARTE

05

Yessi는
행복하게 살려고
스페인어를 배워.

핵심
학습   동사 원형을 활용하여 문장 말하기

Capítulo 16 나는 행복하게 살려고 스페인어를 배웁니다.

Capítulo 17 나는 여행하기 위해 돈 버는 것이 필요합니다.

Capítulo 18 행복하게 사는 것은 중요합니다.

Capítulo 19 규칙 동사 및 동사 원형 쓰임 복습하기

Capítulo 16

Aprendo español para vivir felizmente.

나는 행복하게 살려고 스페인어를 배웁니다.

학습 목표

지난 시간까지 -ar 동사, -er 동사, -ir 동사의 현재시제 규칙 변화 형태에 대해 학습하였습니다. 이번 강의에서는 전치사 'para'와 동사 원형을 이용해 '~을(를) 하기 위해 스페인어를 배운다'와 같은 문장을 구사하는 방법을 학습해 보겠습니다.

학습 단어

felizmente 행복하게 | **ganar dinero** 돈을 벌다 | **aprender español** 스페인어를 배우다 | **vender** 팔다 | **vivir** 살다 | **cerveza** f. 맥주 | **tequila** m. 떼낄라

지난 시간 복습

잠깐! 다시 떠올려 볼까요?

❶ vivir 동사와 escribir 동사의 현재시제 규칙 변화

	vivir 살다	escribir 적다, 쓰다
Yo	viv**o**	escrib**o**
Tú	viv**es**	escrib**es**
Usted / Él / Ella	viv**e**	escrib**e**
Nosotros/as	viv**imos**	escrib**imos**
Vosotros/as	viv**ís**	escrib**ís**
Ustedes / Ellos / Ellas	viv**en**	escrib**en**

❷ 지난 강의 주요 표현

- ✔ 너는 서울에 살아? → ¿Vives en Seúl?
- ✔ 응, 나는 서울에 살아. → Sí, vivo en Seúl.
- ✔ 아니, 나는 서울에 안 살아. → No, no vivo en Seúl.

- ✔ 너는 무언가를 적니? → ¿Escribes algo?
- ✔ 응, 나는 무언가를 적어. → Sí, escribo algo.
- ✔ 아니, 나는 아무것도 안 적어. → No, no escribo nada.

❸ -ar, -er, -ir 동사의 현재시제 규칙 변화 총정리

	hablar 말하다	comer 먹다	vivir 살다
Yo	hablo	como	vivo
Tú	hablas	comes	vives
Usted / Él / Ella	habla	come	vive
Nosotros/as	hablamos	comemos	vivimos
Vosotros/as	habláis	coméis	vivís
Ustedes / Ellos / Ellas	hablan	comen	viven

오늘도 하나씩 쌓아 가기!

오늘의 숫자와 표현을 하나씩 쌓고, 오늘의 단어와 밑줄 포인트를 익혀 봅시다.

❶ 오늘의 숫자

✔ 숫자 16 → dieciséis

❷ 오늘의 표현

✔ 내일 봐요! ➡ ¡Hasta mañana!

❸ 오늘의 단어

✔ ~하기 위하여, ~하려고 ➡ para + 동사 원형

✔ 행복하게 ➡ felizmente

✔ 돈을 벌다 ➡ ganar dinero

✔ 스페인어를 배우다 ➡ aprender español

❹ 오늘의 밑줄 긋기

✎. ¡Hasta mañana!의 'Hasta'는 '~까지'라는 뜻으로 '내일'이라는 뜻의 mañana와 함께 쓰여서 '내일 봐!'라는 의미를 갖게 됩니다. 명사 자리에 '주말' 또는 요일명을 넣을 경우, '주말에 봐, 그 요일에 봐'라는 뜻이 되겠죠?

오늘의 학습

오늘은 무엇을 배워 볼까요?

1 오늘의 핵심 포인트

이번 시간에는 지금까지 배운 동사들을 활용하여 '나는 멕시코에서 살려고 스페인어를 배운다, 나는 행복하게 살려고 스페인어를 배운다'와 같은 문장을 만들어 보려고 합니다. 오늘은 전치사 'para'와 동사 원형을 결합하여 '~하려고'를 만들어 기존의 문장보다 길게 말해 봅시다.

[para + 동사 원형 = ~하기 위해서 / ~하려고]

✔ 마시려고   → para tomar   ✔ 먹으려고   → para comer

✔ 살려고   → para vivir   ✔ 적으려고   → para escribir

✔ 배우려고   → para aprender   ✔ 벌려고   → para ganar

✔ 말하려고   → para hablar   ✔ 팔려고   → para vender

배운 표현들을 바로 적용해 봅시다.

나는 돈을 번다 / _____ 하려고.

✔ 나는 돈을 번다 / 커피를 마시려고.   → Gano dinero para tomar café.

✔ 나는 돈을 번다 / 멕시코에서 살려고.   → Gano dinero para vivir en México.

✔ 너는 돈을 버니 / 맥주를 마시려고?   → ¿Ganas dinero para tomar cerveza?

✔ Yessi는 돈을 번다 / 떼낄라를 마시려고.   → Yessi gana dinero para tomar tequila.

나는 스페인어를 배운다 / _____ 하려고.

✔ 나는 스페인어를 배운다 / 멕시코에 살려고. → Aprendo español para vivir en México.

바르셀로나에 살려고. → para vivir en Barcelona.

마드리드에 살려고. → para vivir en Madrid.

✔ 루씨아는 스페인어를 배운다 / 돈을 벌려고. → Lucía aprende español para ganar dinero.

✔ 우리들은 스페인어를 배운다 / 행복하게 살려고. → Aprendemos español para vivir felizmente.

✎ **따라 써 보기** | 한국어 해석을 보면서 스페인어를 써 보세요.

1 너는 맥주를 마시려고 돈을 버니?

¿Ganas dinero para tomar cerveza?

2 나는 커피를 마시려고 돈을 번다.

Gano dinero para tomar café.

3 나는 멕시코에 살려고 스페인어를 배운다.

Aprendo español para vivir en México.

4 우리들은 행복하게 살려고 스페인어를 배운다.

Aprendemos español para vivir felizmente.

연습 문제

오늘 배운 내용을 완전히 내 것으로 만들어 봐요!

❶ 인칭대명사에 알맞은 ganar 동사와 aprender 동사 변화를 적어 봅시다.

	ganar	aprender
a. Yo		
b. Tú		
c. Usted / Él / Ella		
d. Nosotros/as		
e. Vosotros/as		
f. Ustedes / Ellos / Ellas		

❷ 나열된 단어를 순서대로 배열하여 문장을 만들어 봅시다.

a. 나는 돈을 번다.
   (dinero / gano)

➡ _____

b. 나는 행복하게 살려고 돈을 번다.
   (vivir / gano / para / dinero / felizmente)

➡ _____

c. 나는 스페인어를 배운다.
   (español / aprendo)

➡ _____

d. 나는 행복하게 살려고 스페인어를 배운다.
   (felizmente / aprendo / para / vivir / español)

➡ _____

❸ 오늘 배운 표현들을 직접 작문해 봅시다.

a. 나는 돈을 번다.
➡ _____

b. 나는 행복하게 살려고 돈을 번다.
➡ _____

c. 나는 스페인어를 배운다.
➡ _____

d. 나는 행복하게 살려고 스페인어를 배운다.
➡ _____

❹ 괄호를 참고하여 스페인어 문장이 되도록 연결해 봅시다.

a. Gano dinero(영어를 배우려고)　　·　　　·　a. para ganar dinero.

b. Gano dinero(스페인어를 배우려고)　·　　　·　b. para aprender español.

c. Aprendo chino(돈을 벌려고)　　·　　　·　c. para hablar chino.

d. Aprendo chino(중국어를 말하려고)　·　　　·　d. para aprender inglés.

오늘 꼭 기억해 두어야 할 문장! 완전히 내 것으로 만들어 봐요.

① Gano dinero.

② Gano dinero para vivir felizmente.

③ Aprendo español.

④ Aprendo español para vivir felizmente.

정답

1　a. gano – aprendo / b. ganas – aprendes / c. gana – aprende / d. ganamos – aprendemos / e. ganáis – aprendéis / f. ganan – aprenden

2-3　a. Gano dinero. / b. Gano dinero para vivir felizmente. / c. Aprendo español. / d. Aprendo español para vivir felizmente.

4　a. (d) Gano dinero para aprender inglés. / b. (b) Gano dinero para aprender español. / c. (a) Aprendo chino para ganar dinero. / d. (c) Aprendo chino para hablar chino.

Capítulo 17

Necesito ganar dinero para viajar.

나는 여행하기 위해 돈 버는 것이 필요합니다.

학습 목표

이번 시간에는 'necesitar 필요하다' 동사에 대해 학습하겠습니다. 이 동사를 활용하여 '~이(가) 필요하다, ~하는 것이 필요하다'와 같은 문장을 말해 봅시다.

학습 단어

pronto 곧 | **necesitar** 필요하다 | **viajar** 여행하다 | **coche** m. 자동차 | **amor** m. 사랑

지난 시간 복습

잠깐! 다시 떠올려 볼까요?

❶ para + 동사 원형

지난 시간에는 '**para + 동사 원형 = ~하기 위해서, ~하려고**'를 활용하여 '나는 행복하게 살려고 돈을 벌어, 나는 멕시코에 살려고 돈을 벌어.'와 같은 문장을 만들어 보았습니다.

❷ 지난 강의 주요 표현

- ✔ 커피를 마시려고 → para tomar café
- ✔ 빠에야를 먹으려고 → para comer paella
- ✔ 해산물을 먹으려고 → para comer mariscos
- ✔ 멕시코에 살려고 → para vivir en México
- ✔ 스페인어를 배우려고 → para aprender español
- ✔ 돈을 벌려고 → para ganar dinero
- ✔ 말하려고 → para hablar
- ✔ 쓰려고 → para escribir
- ✔ 팔려고 → para vender

- ✔ 나는 커피 마시려고 돈을 벌어.
  → Gano dinero para tomar café.

- ✔ 나는 떼낄라 마시려고 돈을 벌어.
  → Gano dinero para tomar tequila.

- ✔ 나는 한국어 배우려고 돈을 벌어.
  → Gano dinero para aprender coreano.

✔ 나 멕시코에 살려고 스페인어 배워.

→ Aprendo español para vivir en México.

✔ 우리들은 스페인에 살려고 스페인어를 배워.

→ Aprendemos español para vivir en España.

✔ 나는 시원스쿨에서 스페인어 배우려고 돈을 번다.

→ Gano dinero para aprender español en 시원스쿨.

오늘도 하나씩 쌓아 가기!

오늘의 숫자와 표현을 하나씩 쌓고, 오늘의 단어와 밑줄 포인트를 익혀 봅시다.

① 오늘의 숫자

✔ 숫자 17 → diecisiete

② 오늘의 표현

✔ 곧 봐! → ¡Hasta pronto!

③ 오늘의 단어

✔ 필요하다, 필요로 하다 → necesitar

✔ 돈을 벌다, 돈을 버는 것(명사화) → ganar dinero

✔ 여행하다 → viajar

✔ 무언가 → algo

④ 오늘의 밑줄 긋기

◆ 'algo'는 대명사로 '어떤 것, 무언가'라는 뜻을 가지고 있어요. 예를 들면, 무언가를 먹는 것은 'comer algo', 무언가를 마시는 것은 'tomar algo', 그리고 무언가를 배우는 것은 'aprender algo'가 됩니다.

오늘의 학습

오늘은 무엇을 배워 볼까요?

① 오늘의 핵심 포인트

necesitar 동사는 -ar 규칙 동사입니다.

necesitar 필요하다	
Yo	necesit**o**
Tú	necesit**as**
Usted / Él / Ella	necesit**a**
Nosotros/as	necesit**amos**
Vosotros/as	necesit**áis**
Ustedes / Ellos / Ellas	necesit**an**

[~이/가 필요하다]

✔ 나는 돈이 필요해. → Necesito dinero.

✔ 너는 돈이 필요하니? → ¿Necesitas dinero?

✔ 당신은 돈이 필요하십니까? → ¿Usted necesita dinero?

✔ Yessi는 돈이 필요해? → ¿Yessi necesita dinero?

✔ 우리들은 돈이 필요해. → Necesitamos dinero.

✔ 너희들은 돈이 필요하니? → ¿Necesitáis dinero?

✔ 너는 무언가가 필요해? → ¿Necesitas algo?

[~하는 것이 필요하다]

앞에서 보았듯이 necesitar 동사 다음에 'dinero', 'algo'와 같은 단어를 넣으면 '~이(가) 필요하다'라는 뜻이 됩니다. 반면에 necesitar 동사 뒤에 동사 원형을 넣으면 '~하는 것이 필요하다'라는 표현이 됩니다.

✔ 나는 돈이 필요하다.   → Necesito dinero.

✔ 나는 **돈을 버는 것**이 필요하다.   → Necesito **ganar dinero.**

✔ 필요하니?   → ¿Necesitas?

✔ 커피 마시는 것이 필요하니?   → ¿Necesitas tomar café?

✔ 무언가를 먹는 것이 필요하니?   → ¿Necesitas comer algo?

✔ 무언가를 마시는 것이 필요하니?   → ¿Necesitas tomar algo?

✔ 맥주 마시는 것이 필요하니?
    → ¿Necesitas tomar cerveza?

✔ 스페인어 말하는 것이 필요하니?
    → ¿Necesitas hablar español?

✔ 스페인어 배우는 것이 필요하니?
    → ¿Necesitas aprender español?

✔ Lucas는 스페인어를 배우는 것이 필요하다.
    → Lucas necesita aprender español.

✔ Isabel은 커피 마시는 것이 필요해.
    → Isabel necesita tomar café.

✔ Ana는 멕시코에 사는 것이 필요해.
   ➡ Ana necesita vivir en México.

✔ Lucía는 영어 배우는 것이 필요해.
   ➡ Lucía necesita aprender inglés

✔ 우리들은 스페인어를 배우는 것이 필요해.
   ➡ Necesitamos aprender español.

✔ 우리들은 Yessi랑 스페인어를 배우는 것이 필요해.
   ➡ Necesitamos aprender español con Yessi.

✎ 따라 써 보기 | 한국어 해석을 보면서 스페인어를 써 보세요.

1 나는 돈이 필요하다.

Necesito dinero.

2 나는 돈을 버는 것이 필요하다.

Necesito ganar dinero.

3 무언가를 마시는 것이 필요하니?

¿Necesitas tomar algo?

4 Isabel은 커피 마시는 것이 필요해.

Isabel necesita tomar café.

5 Ana는 멕시코에 사는 것이 필요해.

Ana necesita vivir en México.

연습 문제

오늘 배운 내용을 완전히 내 것으로 만들어 봐요!

❶ 인칭대명사에 알맞은 necesitar 동사 변화를 적어 봅시다.

necesitar

a. Yo

b. Tú

c. Usted / Él / Ella

d. Nosotros/as

e. Vosotros/as

f. Ustedes / Ellos / Ellas

❷ 나열된 단어를 순서대로 배열하여 문장을 만들어 봅시다.

a. 나는 돈을 버는 것이 필요하다.
   (ganar / dinero / necesito)

➡ _____

b. 나는 여행하기 위해서 돈을 버는 것이 필요하다.
   (dinero / para / necesito / ganar / viajar)

➡ _____

c. 나는 여행하기 위해서 스페인어를 배우는 것이 필요하다.
   (español / aprender / necesito / para / viajar)

➡ _____

d. 나는 멕시코에 살기 위해서 스페인어를 배우는 것이 필요하다.
   (en / aprender / México / necesito / español / para / vivir)

➡ _____

❸ 오늘 배운 표현들을 직접 작문해 봅시다.

 a. 나는 돈을 버는 것이 필요하다.

 ➡ _____

 b. 나는 여행하기 위해서 돈을 버는 것이 필요하다.

 ➡ _____

 c. 나는 여행하기 위해서 스페인어를 배우는 것이 필요하다.

 ➡ _____

 d. 나는 멕시코에 살기 위해서 스페인어를 배우는 것이 필요하다.

 ➡ _____

❹ 제시된 단어를 이용해 직접 작문해 봅시다.

coche m. 자동차 | amor m. 사랑

 a. 너는 자동차가 필요하니? ➡ _____

 b. 응, 나는 여행하기 위해서 자동차가 필요해. ➡ _____

 c. 당신은 사랑이 필요해요? ➡ _____

 d. 네, 저는 사랑이 필요해요. ➡ _____

오늘 꼭 기억해 두어야 할 문장! 완전히 내 것으로 만들어 봐요.

❶ Necesito ganar dinero.

❷ Necesito ganar dinero para viajar.

❸ Necesito aprender español para viajar.

❹ Necesito aprender español para vivir en México.

정답

1   a. necesito / b necesitas / c. necesita / d. necesitamos / e. necesitáis / f. necesitan

2-3 a. Necesito ganar dinero. / b. Necesito ganar dinero para viajar. / c. Necesito aprender español para viajar. /
     d. Necesito aprender español para vivir en México.

4   a. ¿Necesitas coche? / b. Sí, necesito coche para viajar. / c. ¿Usted necesita amor? / d. Sí, necesito amor.

Capítulo 18

Vivir felizmente es importante.

행복하게 사는 것은 중요합니다.

지난 시간 복습

잠깐! 다시 떠올려 볼까요?

① **necesitar + 명사 / 동사 원형**

'**necesitar + 동사 원형 = ~하는 것이 필요하다**' 문형을 복습해 봅시다. necesitar 동사는 발음이 어렵기 때문에 문장을 자주 말로 내뱉어야 비로소 내 것처럼 말할 수 있습니다.

② **지난 강의 주요 표현**

- ✔ 나는 돈을 버는 것이 필요하다.
- ✔ 나는 무언가를 먹는 것이 필요하다.
- ✔ 나는 무언가를 마시는 것이 필요하다.
- ✔ 나는 커피 마시는 것이 필요하다.

→ Necesito ganar dinero.
→ Necesito comer algo.
→ Necesito tomar algo.
→ Necesito tomar café.

- ✔ 나는 여행하려고 스페인어를 배우는 것이 필요하다.
    → Necesito aprender español para viajar.

- ✔ 우리들은 스페인어를 말하는 것이 필요하다.
    → Necesitamos hablar español.

- ✔ 우리들은 한국어를 말하는 것이 필요하다.
    → Necesitamos hablar coreano.

- ✔ 너는 무언가를 먹는 것이 필요하니?
    → ¿Necesitas comer algo?

- ✔ 너는 커피 마시는 것이 필요하니?
    → ¿Necesitas tomar café?

오늘도 하나씩 쌓아 가기!

오늘의 숫자와 표현을 하나씩 쌓고, 오늘의 단어와 밑줄 포인트를 익혀 봅시다.

① 오늘의 숫자

✔ 숫자 18 → dieciocho

② 오늘의 표현

✔ ¡Buen fin de semana! → 좋은 주말 보내!

③ 오늘의 단어

✔ 물을 마시다   → tomar agua

✔ 나쁜   → malo/a

✔ 좋은   → bueno/a

✔ 담배를 피우다   → fumar

✔ 중요한   → importante

✔ 흥미로운   → interesante

✔ ~을(를) 여행하다   → viajar por ~

④ 오늘의 밑줄 긋기

✎ 'malo/a', 'bueno/a'가 사람을 수식할 땐 인격을 묘사하기 때문에 사람 명사와 함께 쓰이는 경우 '나쁜 사람이다, 좋은 사람이다'라고 해석됩니다. 전치사 'por'는 '~을(를) 통하여'라는 뜻을 가집니다. '여행하다'라는 뜻의 viajar 동사 뒤에 목적어를 동반하여 'viajar + por + 목적어'의 형태로 자주 쓰이니 꼭 기억해 주세요!

오늘의 학습

오늘은 무엇을 배워 볼까요?

① 오늘의 핵심 포인트

'ganar dinero'는 '돈을 벌다'도 되지만 '돈을 버는 것'이라고 해석할 수도 있습니다.

- ✔ 떼낄라 마시는 것   → tomar tequila

- ✔ 스페인어 말하는 것   → hablar español

- ✔ 물 마시는 것   → tomar agua

- ✔ 스페인에서 빠에야 먹는 것   → comer paella en España

- ✔ 멕시코에서 커피 마시는 것   → tomar café en México

- ✔ 시원스쿨에서 스페인어 배우는 것   → aprender español en 시원스쿨

[동사 원형 + es + 형용사 = ~하는 것은 ~이다]
이번 강의 내용을 학습하기에 앞서 ser 동사를 복습해 봅시다.

ser ~이다	
Yo	soy
Tú	eres
Usted / Él / Ella	es
Nosotros/as	somos
Vosotros/as	sois
Ustedes / Ellos / Ellas	son

- ✔ (주어가 남성일 때) 나는 나쁜 사람이다.   → Soy malo.

- ✔ 그는 나쁜 사람이야.   → Él es malo

- ✔ (주어가 남성일 때) 나는 좋은 사람이다.   → Soy bueno.

- ✔ 그는 좋은 사람이다.   → Él es bueno.

동사 원형을 주어로 하여 **'동사 원형 + es + 형용사'** 구조를 이루면 '~하는 것은 ~하다'라는 문장이 됩니다. 이때 **형용사는 남성 단수 형태**를 사용합니다.

✔ 커피 마시는 것은 나쁘다.　　　　→ Tomar café es malo.

✔ 떼낄라를 마시는 것은 나쁘다.　　→ Tomar tequila es malo.

✔ 맥주를 마시는 것은 나쁘다.　　　→ Tomar cerveza es malo.

✔ 커피를 마시는 것은 좋다.　　　　→ Tomar café es bueno.

✔ 차를 마시는 것은 좋다.　　　　　→ Tomar té es bueno.

✔ 먹는 것은 좋다.　　　　　　　　→ Comer es bueno.

✔ 배우는 것은 좋다.　　　　　　　→ Aprender es bueno.

✔ 스페인어를 배우는 것은 좋다.　　→ Aprender español es bueno.

✔ 영어를 배우는 것은 좋다.　　　　→ Aprender inglés es bueno.

✔ 무언가를 배우는 것은 좋다.　　　→ Aprender algo es bueno.

✔ 사는 것은 좋다.　　　　　　　　→ Vivir es bueno.

✔ 서울에 사는 것은 좋다.　　　　　→ Vivir en Seúl es bueno.

✔ 한국에 사는 것은 좋다.　　　　　→ Vivir en Corea es bueno.

✔ 담배를 피우는 것은 나쁘다.　　　→ Fumar es malo.

✔ 물 마시는 것은 중요하다.　　　　→ Tomar agua es importante.

✔ 행복하게 사는 것은 중요하다.　　→ Vivir felizmente es importante.

✔ 영어를 말하는 것은 중요하다.　　→ Hablar inglés es importante.

✔ 돈 버는 것은 중요하다.　　　　　→ Ganar dinero es importante.

✔ 여행하는 것은 흥미롭다.　　　　→ Viajar es interesante.

✔ 탱고를 배우는 것은 흥미롭다.　　→ Aprender tango es interesante.

✔ 서울에 사는 것은 흥미롭다.　　　→ Vivir en Seúl es interesante.

✔ Yessi와 스페인어를 배우는 것은 흥미롭다.　→ Aprender español con Yessi es interesante.

[**동사 원형** + es + 형용사: ~하는 것은 ~이다 = Es + 형용사 + **동사 원형**: ~하는 것은 ~하다]

✔ 물을 마시는 것은 좋다.
→ Tomar agua es bueno.
→ Es bueno tomar agua.

✔ 커피를 마시는 것은 좋다.
→ Tomar café es bueno.
→ Es bueno tomar café.

✔ 담배를 피우는 것은 나쁘다.
→ Fumar es malo.
→ Es malo fumar.

✔ 스페인어를 배우는 것은 흥미롭다.
→ Aprender español es interesante.
→ Es interesante aprender español.

✔ 영어를 배우는 것은 중요하다.
→ Aprender inglés es importante.
→ Es importante aprender inglés.

✔ 행복하게 사는 것은 중요하다.
→ Vivir felizmente es importante.
→ Es importante vivir felizmente.

✔ 물을 마시는 것은 매우 좋다.
→ Tomar agua es muy bueno.
→ Es muy bueno tomar agua.

✔ 스페인어를 배우는 것은 매우 흥미롭다.
→ Aprender español es muy interesante.
→ Es muy interesante aprender español.

연습 문제

오늘 배운 내용을 완전히 내 것으로 만들어 봐요!

❶ '동사 원형 + es + 형용사' 형태와 'Es + 형용사 + 동사 원형'을 활용하여 작문해 봅시다.

a. Yessi와 함께 스페인어 배우는 것은 중요하다.

➡ _____

➡ _____

b. 행복하게 사는 것은 매우 좋다.

➡ _____

➡ _____

c. 돈을 버는 것은 중요하다.

➡ _____

➡ _____

❷ 나열된 단어를 순서대로 배열하여 문장을 만들어 봅시다.

a. 물을 마시는 것은 좋다.
(es / tomar / bueno / agua)

➡ _____

b. 담배를 피우는 것은 나쁘다.
(malo / fumar / es)

➡ _____

c. 배우는 것은 중요하다.
(es / aprender / importante)

➡ _____

d. 스페인어를 배우는 것은 흥미롭다.
(interesante / aprender / es / español)

➡ _____

❸ 오늘 배운 표현들을 직접 작문해 봅시다.

a. 물을 마시는 것은 좋다.

➡ _____

b. 담배를 피우는 것은 나쁘다.

➡ _____

c. 배우는 것은 중요하다.

➡ _____

d. 스페인어를 배우는 것은 흥미롭다.

➡ _____

❹ 제시된 단어를 이용해 직접 작문해 봅시다.

imprescindible 배제할 수 없는, 꼭 필요한

a. 영어를 배우는 것은 꼭 필요하다. ➡ _____

b. 먹는 것은 꼭 필요하다. ➡ _____

c. 커피를 마시는 것은 꼭 필요하다. ➡ _____

d. 스페인어를 말하는 것은 꼭 필요하다. ➡ _____

오늘 꼭 기억해 두어야 할 문장! 완전히 내 것으로 만들어 봐요.

❶ Tomar agua es bueno. **❷ Fumar es malo.**

❸ Aprender es importante. **❹ Aprender español es interesante.**

정답

1 **a.** Aprender español con Yessi es importante. – Es importante aprender español con Yessi.

b. Vivir felizmente es muy bueno. – Es muy bueno vivir felizmente.

c. Ganar dinero es importante. – Es importante ganar dinero.

2-3 **a.** Tomar agua es bueno. / **b.** Fumar es malo. / **c.** Aprender es importante. / **d.** Aprender español es interesante.

4 **a.** Aprender inglés es imprescindible. / **b.** Comer es imprescindible. / **c.** Tomar café es imprescindible. /

d. Hablar español es imprescindible.

Capítulo 19

Hablo··· Como···
Vivo···

규칙 동사 및 동사 원형 쓰임 복습하기

학습 목표
복습 시간입니다. 지금까지 배웠던 -ar 동사, -er 동사, -ir 동사의 현재시제 규칙 변화 및 동사 원형의 쓰임을 복습해 봅시다.

학습 단어
mariscos m. 해산물 | coche m. 자동차 | amor m. 사랑 | viajar 여행하다 | vivir 살다 | dinero m. 돈 | imprescindible 배제할 수 없는, 꼭 필요한 | necesitar 필요하다 | agua f. 물 | fumar 담배를 피우다

STEP 1 지난 시간 복습

잠깐! 다시 떠올려 볼까요?

❶ 동사 원형 + es + 형용사 = ~하는 것은 ~이다

지난 시간에는 동사 원형을 주어로 하여 '스페인어를 배우는 것은 흥미롭다'와 같은 문장을 만들어 보았습니다. 이때 동사 원형은 'Es + 형용사 + 동사 원형'처럼 문장 끝으로 가도 상관없다는 점! 잘 기억해 두세요.

❷ 지난 강의 주요 표현

✔ 커피 마시는 것은 나쁘다. → Tomar café es malo.

✔ 떼낄라를 마시는 것은 나쁘다. → Tomar tequila es malo.

✔ 행복하게 사는 것은 중요하다. → Vivir felizmente es importante.

✔ 여행하는 것은 흥미롭다. → Viajar es interesante.

✔ 탱고를 배우는 것은 흥미롭다. → Aprender tango es interesante.

✔ 물을 마시는 것은 좋다. → Tomar agua es bueno.
→ Es bueno tomar agua.

오늘도 하나씩 쌓아 가기!

오늘의 숫자와 표현을 하나씩 쌓고, 오늘의 단어와 밑줄 포인트를 익혀 봅시다.

① 오늘의 숫자

✔ 숫자 19 → diecinueve

② 오늘의 표현

✔ 죄송합니다. / 실례합니다. / 네?(영어의 pardon)
→ Perdón. /¿Perdón?

③ 오늘의 밑줄 긋기

✎ 이때까지 배웠던 -ar, -er, -ir 동사의 현재시제 규칙 변화 잘 기억하고 계시나요? 자주 쓰이는 현재시제 규칙 변화 동사들을 참고하여 함께 학습해 보세요.

-ar 현재시제 규칙 동사		-er 현재시제 규칙 동사		-ir 현재시제 규칙 동사	
preguntar	질문하다	comprender	이해하다	recibir	받다
visitar	방문하다	temer	무서워하다	abrir	열다
comprar	사다	deber	의무를 갖다	cubrir	덮다
estudiar	공부하다	beber	마시다	subir	올라가다

오늘의 학습

오늘은 무엇을 배워 볼까요?
11강~18강에서 배웠던 내용을 차근차근 정리하며 복습해 봅시다.

① -ar / -er / -ir 현재시제 규칙 동사

[-ar 현재시제 규칙 동사들] hablar, tomar, ganar, necesitar, viajar, fumar…

hablar 말하다	
Yo	hab**lo**
Tú	hab**las**
Usted / Él / Ella	hab**la**
Nosotros/as	hab**lamos**
Vosotros/as	hab**láis**
Ustedes / Ellos / Ellas	hab**lan**

✔ 너는 스페인어를 말하니? → ¿Hablas español?

✔ 당신은 스페인어를 말해요? → ¿Usted habla español?

✔ 네, 저는 스페인어를 말해요. → Sí, hablo español.

✔ 아니요, 저는 스페인어를 말하지 못해요. → No, no hablo español.

✔ 너는 영어를 말하니? → ¿Hablas inglés?

✔ 너는 중국어를 말하니? → ¿Hablas chino?

✔ 너는 한국어를 말하니? → ¿Hablas coreano?

✔ 너 돈 버니? → ¿Ganas dinero?

✔ 너 커피 마시니? → ¿Tomas café?

✔ 너는 담배를 피우니?   → ¿Fumas?

✔ 너희들은 담배를 피우니?   → ¿Fumáis?

✔ 응, 나는 담배를 피워.   → Sí, fumo.

✔ 아니, 나는 담배를 안 피워.   → No, no fumo.

[-er 현재시제 규칙 동사들] comer, aprender…

comer 먹다	
Yo	como
Tú	comes
Usted / Él / Ella	come
Nosotros/as	comemos
Vosotros/as	coméis
Ustedes / Ellos / Ellas	comen

✔ 너는 해산물을 먹니?   → ¿Comes mariscos?

✔ 당신은 해산물을 먹어요?   → ¿Usted come mariscos?

✔ 네, 저는 해산물을 먹어요.   → Sí, como mariscos.

✔ 아니요, 저는 해산물을 안 먹어요.   → No, no como mariscos.

✔ 너 스페인어 배우니?   → ¿Aprendes español?

✔ 당신은 한국어를 배우세요?   → ¿Aprende coreano?

✔ 너 시원스쿨에서 스페인어 배우니?   → ¿Aprendes español en 시원스쿨?

✔ 너 Yessi와 함께 스페인어 배우니?   → ¿Aprendes español con Yessi?

✔ 우리들은 Yessi와 함께 스페인어를 배웁니다.   → Aprendemos español con Yessi.

[-ir 현재시제 규칙 동사들] vivir, escribir…

vivir 살다	
Yo	viv**o**
Tú	viv**es**
Usted / Él / Ella	viv**e**
Nosotros/as	vivi**mos**
Vosotros/as	viv**ís**
Ustedes / Ellos / Ellas	viv**en**

✔ 너는 서울에 살아?   ➡ ¿Vives en Seúl?

✔ 당신은 서울에 살아요?   ➡ ¿Usted vive en Seúl?

✔ 네, 저는 서울에 살아요.   ➡ Sí, vivo en Seúl.

✔ 아니요, 저는 서울에 안 살아요.   ➡ No, no vivo en Seúl.

✔ 너 뭐 적어?   ➡ ¿Escribes algo?

✔ 아니, 나 아무것도 안 적어.   ➡ No, no escribo nada.

② para + 동사 원형 = ~하기 위해 / ~하려고

✔ 행복하게 살려고   ➡ para vivir felizmente

✔ 커피 마시려고   ➡ para tomar café

✔ 여행하려고   ➡ para viajar

✔ 멕시코에 살려고   ➡ para vivir en México

✔ 나는 행복하게 살려고 돈을 번다.
→ Gano dinero para vivir felizmente.

✔ 나는 행복하게 살려고 스페인어를 배운다.
→ Aprendo español para vivir felizmente.

✔ 나는 여행하려고 영어를 배운다.
→ Aprendo inglés para viajar.

❸ necesitar + 동사 원형 = ~하는 것이 필요하다

✔ 멕시코에 살기 위해서 나는 스페인어를 배우는 것이 필요하다.
→ Necesito aprender español para vivir en México.

✔ 우리들은 여행하기 위해서 영어를 배우는 것이 필요하다.
→ Necesitamos aprender inglés para viajar.

✔ 여행하기 위해서 나는 돈을 버는 것이 필요하다.
→ Necesito ganar dinero para viajar.

✔ 행복하게 살기 위해서 우리들은 스페인어를 배우는 것이 필요하다.
→ Necesitamos aprender español para vivir felizmente.

④ 동사 원형 + es + 형용사 = ~하는 것은 ~하다

- ✔ 담배 피우는 것은 나쁘다.
  - ➡ Fumar es malo.

- ✔ 물을 마시는 것은 좋다.
  - ➡ Tomar agua es bueno.

- ✔ 여행하는 것은 중요하다.
  - ➡ Viajar es importante.

- ✔ Yessi와 함께 스페인어를 배우는 것은 흥미롭다.
  - ➡ Aprender español con Yessi es interesante.

✎ **따라 써 보기** | 한국어 해석을 보면서 스페인어를 써 보세요.

❶ 너는 한국어를 말하니?

¿Hablas coreano?

❷ 당신은 해산물을 먹어요?

¿Usted come mariscos?

❸ 너 시원스쿨에서 스페인어 배우니?

¿Aprendes español en 시원스쿨?

❹ 나는 행복하게 살려고 스페인어를 배운다.

Aprendo español para vivir felizmente.

❺ 우리들은 여행하기 위해서 영어를 배우는 것이 필요하다.

Necesitamos aprender inglés para viajar.

연습 문제

오늘 배운 내용을 완전히 내 것으로 만들어 봐요!

❶ 인칭대명사에 따라 빈칸에 알맞은 동사 변화를 적어 봅시다.

	tomar	comer	vivir
a. Yo			
b. Tú			
c. Usted / Él / Ella			
d. Nosotros/as			
e. Vosotros/as			
f. Ustedes / Ellos / Ellas			

❷ 나열된 단어를 순서대로 배열하여 문장을 만들어 봅시다.

a. 나는 행복하게 살기 위해서 돈을 번다. (para / dinero / gano / felizmente / vivir)

➡ _____

b. 중국을 여행하는 것은 흥미롭다. (es / China / viajar / interesante / por)

➡ _____

c. 너는 스페인어를 배우니? (español / aprendes)

➡ _____

❸ 오늘 배운 표현들을 직접 작문해 봅시다.

a. 나는 행복하게 살기 위해서 돈을 번다.

➡ _____

b. 중국을 여행하는 것은 흥미롭다.

➡ _____

c. 너는 스페인어를 배우니?

→ _____

④ 제시된 단어를 이용해 직접 작문해 봅시다.

> coche m. 자동차 | amor m. 사랑 | viajar 여행하다 | vivir 살다 | dinero m. 돈 |
> imprescindible 배제할 수 없는, 꼭 필요한 | necesitar 필요하다 | agua f. 물

a. 그녀는 여행하기 위해서 자동차가 필요하다.

→ _____

b. 그는 행복하게 살기 위해서 사랑이 필요하다.

→ _____

c. 물을 마시는 것은 꼭 필요하다.

→ _____

d. 나는 스페인에 살기 위해서 돈이 필요하다.

→ _____

오늘 꼭 기억해 두어야 할 문장! 완전히 내 것으로 만들어 봐요.

① Gano dinero para vivir felizmente.
② Viajar por China es interesante.
③ ¿Aprendes español?
④ No como mariscos.

정답

1 a. tomo – como – vivo / b. tomas – comes – vives / c. toma – come – vive / d. tomamos – comemos – vivimos /
e. tomáis – coméis – vivís / f. toman – comen – viven

2-3 a. Gano dinero para vivir felizmente. / b. Viajar por China es interesante. / c. ¿Aprendes español?

4 a. Ella necesita coche para viajar. / b. Él necesita amor para vivir felizmente. / c. Tomar agua es imprescindible.
또는 Es imprescindible tomar agua. / d. Necesito dinero para vivir en España.

1 Gano dinero para vivir en México.

2 ¿Ganas dinero para tomar cerveza?

3 Yessi gana dinero para tomar tequila.

4 Aprendemos español para vivir felizmente.

5 ¿Necesitas dinero?

6 Necesito dinero.

7 Necesito ganar dinero.

8 Ana necesita vivir en México.

9 Necesitamos aprender español.

10 Tomar café es bueno.

11 Vivir felizmente es importante.

12 Es bueno tomar café.

13 Es importante vivir felizmente.

14 Tomar agua es bueno.

15 Fumar es malo.

Toledo
카스티야 라 만차의 요새 도시

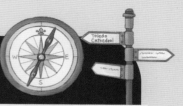

▲ 톨레도 대성당(Toledo Catedral)

스페인의 수도 마드리드(Madrid)에서 1시간 남짓 떨어진 곳, 카스티야 라 만차(Castilla La Mancha) 주에 위치한 역사적인 요새 도시 '톨레도(Toledo)'를 아시나요?

세계문화유산으로 지정되어 공식적으로 보호되고 있는 톨레도는, 스페인을 찾는 관광객이라면 꼭 한 번 들른다는 아름다운 도시 중 하나입니다. 이 곳은 스페인의 옛 수도이기도 했으며, 1500년대 중세 시대의 모습을 곳곳에 간직한, 스페인 문화 예술의 본거지로도 유명합니다. 톨레도에 방문하면 그리스 양식, 바로크 양식, 고딕 양식 등이 혼합된 톨레도

대성당(Toledo Catedral)을 만나 볼 수 있는데요. 이 곳에는 엄청난 가치를 지닌 보물들과 유물들이 보관된 것은 물론, 그리스 태생의 16세기 세계적인 화가 '엘 그레코(El Greco)'의 작품도 만날 수 있습니다. 해가 지면 도시 전체를 붉게 물들이는 조명들로 인해 낮과는 또 다른 즐거움을 선사하는 톨레도!

도시를 가로지르며 즐길 수 있는 야경 투어뿐만 아니라, 붉게 물든 아름다운 도심을 볼 수 있는 전망대까지, 역사와 문화의 아름다움이 있는 톨레도로 꼭 한번 떠나 보세요!

Yessi는
너를 사랑해.

핵심
학습

~을(를) ~에게
– 직접·간접목적격 대명사를 활용하여 말하기

Capítulo 20   나는 너를 사랑한다.

Capítulo 21   나에게 물을 주시겠어요?

Capítulo 22   너희에게 원빈을 소개할게.

Capítulo

20

Te amo.

나는 너를 사랑한다.

지난 시간 복습

잠깐! 다시 떠올려 볼까요?

❶ 지난 강의 주요 표현

	habl**ar** 말하다	com**er** 먹다	viv**ir** 살다
Yo	habl**o**	com**o**	viv**o**
Tú	habl**as**	com**es**	viv**es**
Usted / Él / Ella	habl**a**	com**e**	viv**e**
Nosotros/as	habl**amos**	com**emos**	viv**imos**
Vosotros/as	habl**áis**	com**éis**	viv**ís**
Ustedes / Ellos / Ellas	habl**an**	com**en**	viv**en**

✔ 너는 스페인어를 말하니? → ¿Hablas español?

✔ 응, 나는 스페인어를 말해. → Sí, hablo español.

✔ 당신은 해산물을 드세요? → ¿Usted come mariscos?

✔ 아니요, 저는 해산물을 먹지 않습니다. → No, no como mariscos.

✔ 너는 서울에 사니? → ¿Vives en Seúl?

✔ 아니, 나는 서울에 안 살아. → No, no vivo en Seúl.

✔ 나는 행복하게 살기 위해 스페인어를 배운다.
  → Aprendo español para vivir felizmente.

✔ 나는 멕시코를 여행하기 위해 돈을 버는 것이 필요하다.
  → Necesito ganar dinero para viajar por México.

✔ Yessi와 스페인어를 배우는 것은 매우 흥미롭다.
  → Aprender español con Yessi es muy interesante.

오늘도 하나씩 쌓아 가기!

오늘의 숫자와 표현을 하나씩 쌓고, 오늘의 단어와 밑줄 포인트를 익혀 봅시다.

① 오늘의 숫자

✔ 숫자 20 ➡ veinte

② 오늘의 표현

✔ 유감이야. ➡ Lo siento.

③ 오늘의 단어

✔ 사랑하다 ➡ amar

✔ 나를 ➡ me

✔ 너를 ➡ te

✔ 원빈을 ➡ a 원빈

④ 오늘의 밑줄 긋기

✦ '나는 너를 사랑해 (Yo) te amo', '너는 나를 사랑하니? ¿(Tú) me amas?'와 같은 문장을 만들 때에는 한국어와 어순이 동일하다는 점을 기억하세요!

STEP 2 오늘의 학습

오늘은 무엇을 배워 볼까요?

1 오늘의 핵심 포인트

먼저 'amar 사랑하다' 동사의 현재시제 규칙 변화 형태를 확인해 보겠습니다.

amar 사랑하다	
Yo	am**o**
Tú	am**as**
Usted / Él / Ella	am**a**
Nosotros/as	am**amos**
Vosotros/as	am**áis**
Ustedes / Ellos / Ellas	am**an**

- ✔ 나는 여행하는 것을 사랑해. → Amo viajar.
- ✔ 나는 스페인어를 배우는 것을 사랑해. → Amo aprender español.
- ✔ 나는 커피 마시는 것을 사랑해. → Amo tomar café.
- ✔ 나는 빠에야를 먹는 것을 사랑해. → Amo comer paella.
- ✔ 우리들은 Yessi와 함께 스페인어를 배우는 것을 사랑해. → Amamos aprender español con Yessi.

[원빈은 **나를** 사랑해. = 원빈 me ama.]

- ✔ 원빈은 사랑한다. → 원빈 ama.
- ✔ 원빈은 나를 사랑한다. → 원빈 **me** ama.
- ✔ 너는 나를 사랑한다. → (Tú) **me** amas.
- ✔ 당신은 나를 사랑한다. → Usted **me** ama.
- ✔ 그는 나를 사랑해. → Él **me** ama.
- ✔ 그녀는 나를 사랑해. → Ella **me** ama.

✔ 너희들은 나를 사랑해.　　　　➡ (Vosotros) **me** amáis.

✔ 당신들은 나를 사랑한다.　　　➡ Ustedes **me** aman.

✔ 그들은 나를 사랑한다.　　　　➡ Ellos **me** aman.

✔ 그녀들은 나를 사랑한다.　　　➡ Ellas **me** aman.

[원빈은 나를 사랑하지 **않는다**. = 원빈 **no** me ama.]

✔ 너는 나를 사랑하지 않는다.　　➡ (Tú) **no** me amas.

✔ 당신은 나를 사랑하지 않는다.　➡ Usted **no** me ama.

✔ 그는 나를 사랑하지 않는다.　　➡ Él **no** me ama.

✔ 그녀는 나를 사랑하지 않는다.　➡ Ella **no** me ama.

✔ 너희들은 나를 사랑하지 않는다.　➡ (Vosotros) **no** me amáis.

✔ 당신들은 나를 사랑하지 않는다.　➡ Ustedes **no** me aman.

✔ 그들은 나를 사랑하지 않는다.　　➡ Ellos **no** me aman.

✔ 그녀들은 나를 사랑하지 않는다.　➡ Ellas **no** me aman.

[나는 **너를** 사랑한다. = Yo **te** amo.]

✔ 나는 너를 사랑한다.　　　　　➡ (Yo) **te** amo

✔ 그는 너를 사랑한다.　　　　　➡ Él **te** ama.

✔ 그녀는 너를 사랑한다.　　　　➡ Ella **te** ama.

✔ 우리들은 너를 사랑한다.　　　➡ (Nosotros) **te** amamos.

✔ 그들은 너를 사랑한다.　　　　➡ Ellos **te** aman.

✔ 그녀들은 너를 사랑한다.　　　➡ Ellas **te** aman.

[나는 **원빈을** 사랑한다. = Amo **a 원빈.**]
목적어가 사람일 경우 반드시 전치사 'a'를 동반합니다. 'a 원빈'은 동사 뒤에 써 주세요.

- ✔ 나는 원빈을 사랑한다.　　　　　→ Amo **a 원빈.**
- ✔ 나는 Juan을 사랑한다.　　　　→ Amo **a Juan.**
- ✔ 나는 Messi를 사랑한다.　　　　→ Amo **a Messi.**
- ✔ 나는 Fernando를 사랑한다.　　→ Amo **a Fernando.**
- ✔ 우리들은 Yessi를 사랑한다.　　→ Amamos **a Yessi.**

- ✔ 너는 원빈을 사랑한다.　　　　　→ Amas **a 원빈.**
- ✔ 너는 원빈을 사랑하니?　　　　　→ ¿Amas **a 원빈?**
- ✔ 응, 나는 원빈을 사랑해.　　　　→ Sí, amo **a 원빈.**
- ✔ 아니, 나는 원빈을 사랑하지 않아　→ No, no amo **a 원빈.**

✏️ **따라 써 보기** | 한국어 해석을 보면서 스페인어를 써 보세요.

1 나는 빠에야를 먹는 것을 사랑해.

Amo comer paella.

2 원빈은 나를 사랑한다.

원빈 me ama.

3 우리들은 너를 사랑한다.

(Nosotros) te amamos.

4 그녀는 나를 사랑하지 않는다.

Ella no me ama.

5 우리들은 Fernando를 사랑한다.

Amamos a Fernando.

연습 문제

오늘 배운 내용을 완전히 내 것으로 만들어 봐요!

❶ 인칭대명사에 알맞은 amar 동사 변화를 적어 봅시다.

amar

a. Yo

b. Tú

c. Usted / Él / Ella

d. Nosotros/as

e. Vosotros/as

f. Ustedes / Ellos / Ellas

❷ 나열된 단어를 순서대로 배열하여 문장을 만들어 봅시다.

a. 너는 나를 사랑하니?

(amas / me)

➡ _____

b. 응, 나는 너를 사랑해.

(amo / sí / te)

➡ _____

c. 아니, 나는 너를 사랑하지 않아.

(no / te / no / amo)

➡ _____

❸ 오늘 배운 표현들을 직접 작문해 봅시다.

    a. 너는 나를 사랑하니?

    ➡ _____

    b. 응, 나는 너를 사랑해.

    ➡ _____

    c. 아니, 나는 너를 사랑하지 않아.

    ➡ _____

❹ 다음 해석을 보고 알맞은 스페인어 예문을 연결해 봅시다.

    a. 나는 너를 필요로 한다.   ·   · **a.** Te necesito.

    b. 그는 나를 필요로 하지 않는다.   ·   · **b.** Ellos te necesitan.

    c. 그들은 너를 필요로 한다.   ·   · **c.** Él no me necesita.

오늘 꼭 기억해 두어야 할 문장! 완전히 내 것으로 만들어 봐요.

❶ **¿Me amas?**

❷ **Sí, te amo.**

❸ **No, no te amo.**

정답

1   **a.** amo / **b.** amas / **c.** ama / **d.** amamos / **e.** amáis / **f.** aman

2-3 **a.** ¿Me amas? / **b.** Sí, te amo. / **c.** No, no te amo.

4   **a.** (a) Te necesito. / **b.** (c) Él no me necesita. / **c.** (b) Ellos te necesitan.

Capítulo
21

¿Me da agua, por favor?

나에게 물을 주시겠어요?

학습
목표

이번 시간에는 '~에게'의 뜻을 가진 간접목적격 대명사에 대해 학습해 봅시다.

학습
단어

dar 주다 | **por favor** 부탁합니다 | **me** (간접목적격 대명사) 나에게 | **te**(간접목적격 대명사) 너에게 | **agua** f. 물

지난 시간 복습

잠깐! 다시 떠올려 볼까요?

① 지난 강의 주요 표현

지난 시간에는 직접목적격 대명사 '나를, 너를'과 'amar 사랑하다' 동사를 활용하여 '나는 너를 사랑해'와 같은 문장을 만들어 보았습니다.

amar 사랑하다	
Yo	am**o**
Tú	am**as**
Usted / Él / Ella	am**a**
Nosotros/as	am**amos**
Vosotros/as	am**áis**
Ustedes / Ellos / Ellas	am**an**

✔ 너는 나를 사랑하니?   → ¿(Tú) me amas?

✔ 응, 나는 너를 사랑해.   → Sí, (yo) te amo.

✔ 아니, 나는 너를 사랑하지 않아.   → No, (yo) no te amo.

✔ 우리들은 Yessi를 사랑해.   → Amamos a Yessi.

✔ 나는 여행하는 것을 사랑해.   → Amo viajar.

✔ 나는 커피 마시는 것을 사랑해.   → Amo tomar café.

✔ 나는 무언가를 먹는 것을 사랑해.   → Amo comer algo.

✔ 우리들은 스페인어 배우는 것을 사랑해.   → Amamos aprender español.

오늘도 하나씩 쌓아 가기!

오늘의 숫자와 표현을 하나씩 쌓고, 오늘의 단어와 밑줄 포인트를 익혀 봅시다.

❶ 오늘의 숫자

✔ 숫자 21 ➡ veintiuno

❷ 오늘의 표현

✔ 부탁합니다! ➡ ¡Por favor!

❸ 오늘의 단어

✔ 주다 ➡ dar

✔ 나에게 ➡ me

✔ 너에게 ➡ te

✔ 원빈에게 ➡ a 원빈

❹ 오늘의 밑줄 긋기

◆ 직접목적격 대명사 '~을(를)'과 마찬가지로, 간접목적격 대명사 '~에게'도 대부분의 경우 동사 앞에 위치한다는 점, 잘 기억해 주세요. 불규칙 동사 'dar'의 2인칭 복수(vosotros/as) 변화형은 'dais'로, 강세가 붙지 않습니다. 이 점에 유의해서 암기해 주세요!

오늘의 학습

오늘은 무엇을 배워 볼까요?

① 오늘의 핵심 포인트

이번 강의에서는 간접목적격 대명사인 '나에게, 너에게'와 'dar 주다' 동사를 활용하여 'Yessi는 나에게 물을 준다'와 같은 문장을 만들어 봅시다. 이번 강의에서 활용할 dar 동사는 대표적인 불규칙 동사입니다. 먼저 변형 형태를 확인해 보겠습니다.

dar 주다	
Yo	**doy**
Tú	das
Usted / Él / Ella	da
Nosotros/as	damos
Vosotros/as	**dais**
Ustedes / Ellos / Ellas	dan

[Yessi는 나에게 준다. = Yessi **me** da.]

✔ Yessi는 준다.   → Yessi da.
✔ Yessi는 나에게 준다.   → Yessi **me** da.
✔ 너는 나에게 준다.   → (Tú) **me** das.
✔ 당신은 나에게 준다.   → Usted **me** da.
✔ 그는 나에게 준다.   → Él **me** da.
✔ 그녀는 나에게 준다.   → Ella **me** da.

✔ 너희들은 나에게 준다.   → (Vosotros) **me** dais.
✔ 당신들은 나에게 준다.   → Ustedes **me** dan.
✔ 그들은 나에게 준다.   → Ellos **me** dan.
✔ 그녀들은 나에게 준다.   → Ellas **me** dan.

✔ 너는 나에게 주지 않는다.　　　→ (Tú) **no** me das.

✔ 당신은 나에게 주지 않는다.　　→ Usted **no** me da.

✔ 그녀는 나에게 주지 않는다.　　→ Ella **no** me da.

✔ 너희들은 나에게 주지 않는다.　→ (Vosotros) **no** me dais.

✔ 그들은 나에게 주지 않는다.　　→ Ellos **no** me dan.

[나는 너에게 준다. = Yo **te** doy.]

✔ 나는 너에게 준다.　　→ (Yo) **te** doy.

✔ 그는 너에게 준다.　　→ Él **te** da.

✔ 그녀는 너에게 준다.　→ Ella **te** da.

✔ 우리들은 너에게 준다.　→ (Nosotros) **te** damos.

✔ 그들은 너에게 준다.　　→ Ellos **te** dan.

✔ 그녀들은 너에게 준다.　→ Ellas **te** dan.

[나는 **너에게 준다 물을** = Yo **te** doy **agua**.]

✔ 나는 너에게 준다 물을　　→ (Yo) **te** doy **agua**.

✔ 그는 너에게 준다 물을　　→ Él **te** da **agua**.

✔ 그녀는 너에게 준다 물을　→ Ella **te** da **agua**.

✔ 너는 나에게 물을 준다.　　→ (Tú) **me** das **agua**.

✔ 당신은 나에게 물을 준다.　→ Usted **me** da **agua**.

✔ 그는 나에게 물을 준다.　　→ Él **me** da **agua**.

✔ 그녀는 나에게 물을 준다.　→ Ella **me** da **agua**.

[줄래? / 주시겠어요?]

✔ 너는 나에게 준다.　　　　　　　　→ Me das.

✔ (너는) 나에게 줄래?　　　　　　　→ ¿Me das?

✔ (당신은) 나에게 주시겠어요?　　　→ ¿Usted me da?

TIP 이 경우에는 'usted'를 자주 생략합니다. '~ 주시겠어요? = ¿Me da ~?'로 연습해 봅시다.

✔ 나에게 물 줄래?
　→ ¿Me das agua? / ¿Me das agua, por favor?

✔ 나에게 물 주시겠어요?
　→ ¿Me da agua? / ¿Me da agua, por favor?

✔ 나에게 커피를 줄래?
　→ ¿Me das café? / ¿Me das café, por favor?

✔ 나에게 커피를 주시겠어요?
　→ ¿Me da café? / ¿Me da café, por favor?

✔ 나는 원빈에게 준다.　　　　　　　→ Doy a 원빈.

✔ 나는 **물을** 준다 **원빈에게.**　　　→ Doy **agua** a **원빈.**

TIP 이름은 문장 맨 뒤로 빼서 말해 주세요.

✎ **따라 써 보기** | 한국어 해석을 보면서 스페인어를 써 보세요.

① 너희들은 나에게 준다.

(Vosotros) me dais.

② 그들은 나에게 주지 않는다.

Ellos no me dan.

연습 문제

오늘 배운 내용을 완전히 내 것으로 만들어 봐요!

❶ 인칭대명사에 따라 알맞은 dar 동사 변화를 적어 봅시다.

dar

a. Yo

b. Tú

c. Usted / Él / Ella

d. Nosotros/as

e. Vosotros/as

f. Ustedes / Ellos / Ellas

❷ 나열된 단어를 순서대로 배열하여 문장을 만들어 봅시다.

a. 나에게 물을 줄래?

(por favor / das / agua / me)

→ _____

b. 나에게 물을 주시겠어요?

(da / por favor / me / agua)

→ _____

c. Yessi는 나에게 물을 준다.

(agua / Yessi / da / me)

→ _____

d. 나는 원빈에게 물을 준다.

(원빈 / doy / a / agua)

→ _____

❸ 오늘 배운 표현들을 직접 작문해 봅시다.

　　a. 나에게 물을 줄래?

　　➡ _____

　　b. 나에게 물을 주시겠어요?

　　➡ _____

　　c. Yessi는 나에게 물을 준다.

　　➡ _____

　　d. 나는 원빈에게 물을 준다.

　　➡ _____

❹ 다음 해석을 보고 알맞은 스페인어 예문을 연결해 봅시다.

　　a. 너는 나에게 말한다.　·　　　　　　　　·　a. Ella habla a 원빈.

　　b. 그들은 나에게 말한다.　·　　　　　　　·　b. Te hablamos.

　　c. 나는 너에게 말한다.　·　　　　　　　　·　c. Me hablas.

　　d. 우리들은 너에게 말한다.　·　　　　　·　d. Te hablo.

　　e. 그녀는 우빈에게 말한다.　·　　　　　·　e. Ellos me hablan.

　　f. 당신들은 우빈에게 말한다.　·　　　　·　f. Ustedes hablan a 원빈.

오늘 꼭 기억해 두어야 할 문장! 완전히 내 것으로 만들어 봐요.

❶ ¿Me das agua, por favor?

❷ ¿Me da agua, por favor?

❸ Yessi me da agua.

❹ Doy agua a 원빈.

정답

1　a. doy / b. das / c. da / d. damos / e. dais / f. dan

2-3　a. ¿Me das agua, por favor? / b. ¿Me da agua, por favor? / c. Yessi me da agua. / d. Doy agua a 원빈.

4　a. (c) Me hablas. / b. (e) Ellos me hablan. / c. (d) Te hablo. / d. (b) Te hablamos. / e. (a) Ella habla a 원빈. / f. (f) Ustedes hablan a 원빈.

Capítulo 22

Os presento a 원빈.

너희에게 원빈을 소개할게.

학습
목표
이번 시간에는 '우리들을, 너희들을, 우리에게, 너희에게'에 해당하는 직접목적격 대
명사, 간접목적격 대명사를 배워 봅시다.

학습
단어
esto 이것 | presentar 소개하다 | nos 우리들을, 우리들에게 | os 너희들을,
너희들에게 | amar 사랑하다 | agua f. 물 | escribir 쓰다, 적다

STEP 1 지난 시간 복습

잠깐! 다시 떠올려 볼까요?

❶ 간접목적격 대명사

[Yessi는 나에게 준다. = Yessi me da.]

'나는 너를 사랑해, 나는 너에게 물을 준다'와 같이 직·간접목적격 대명사를 활용하는 문장은 '주어 + 목적격 대명사 + 동사' 어순으로, 우리말과 유사한 어순입니다.

- ✔ 나를, 나에게 → me
- ✔ 너를, 너에게 → te
- ✔ 원빈을, 원빈에게 → a 원빈

	amar 사랑하다	dar 주다
Yo	am**o**	**doy**
Tú	am**as**	das
Usted / Él / Ella	am**a**	da
Nosotros/as	am**amos**	damos
Vosotros/as	am**áis**	**dais**
Ustedes / Ellos / Ellas	am**an**	dan

❷ 지난 강의 주요 표현

- ✔ 너는 나를 사랑하니? → ¿Me amas?
- ✔ 응, 나는 너를 사랑해. → Sí, te amo.
- ✔ 아니, 나는 너를 사랑하지 않아. → No, no te amo.

- ✔ Yessi는 나를 사랑해. → Yessi me ama.
- ✔ Gabriel은 너를 사랑해. → Gabriel te ama.
- ✔ 우리들은 Yessi를 사랑해. → Amamos a Yessi.

✔ 나에게 물을 줄래?	→ ¿Me das agua, por favor?
✔ 나에게 물을 주시겠어요?	→ ¿Me da agua, por favor?
✔ 나에게 이것을 주시겠어요?	→ ¿Me da esto, por favor?

오늘도 하나씩 쌓아 가기!

오늘의 숫자와 표현을 하나씩 쌓고, 오늘의 단어와 밑줄 포인트를 익혀 봅시다.

① 오늘의 숫자

✔ 숫자 22 → veintidós.

② 오늘의 표현

✔ 오 마이 갓! → ¡Dios mío!

③ 오늘의 단어

✔ 이것	→ esto
✔ 소개하다	→ presentar
✔ 우리들을, 우리에게	→ nos
✔ 너희들을, 너희에게	→ os

④ 오늘의 밑줄 긋기

🔖 'esto'는 '이것'이라는 뜻의 지시대명사로, 중성으로 쓰입니다. 중성형은 잘 알지 못하는 사물이나 생각, 행위, 상황 등을 지칭할 때 쓰이며 복수형이 없다는 점, 기억해 주세요!

오늘의 학습

오늘은 무엇을 배워 볼까요?

① 오늘의 핵심 포인트

이번 시간에는 'nos 우리들을, 우리들에게', 'os 너희들을, 너희들에게'에 해당하는 직·간접목적격 대명사를
활용하여 문장을 만들어 봅시다. 지난 시간에 배웠던 어순대로 대입하여 말하면 됩니다.

- ✔ 너는 우리들을 사랑한다   → (Tú) nos amas.
- ✔ 너는 우리들을 사랑하니?   → ¿Nos amas?
- ✔ 응, 나는 너희들을 사랑해.   → Sí, os amo.
- ✔ 아니, 나는 너희들을 사랑하지 않아.   → No, no os amo.

- ✔ 너는 우리에게 준다.   → (Tú) nos das.
- ✔ 우리들에게 **줄래**?   → ¿Nos **das**?
- ✔ 우리들에게 **주시겠어요**?   → ¿Nos **da**?
- ✔ 우리들에게 물을 **줄래**?   → ¿Nos **das** agua?
- ✔ 우리들에게 물을 **주시겠어요**?   → ¿Nos **da** agua?

presentar 동사를 중심으로 현재시제 인칭대명사 변화형을 배워 보겠습니다.

presentar 소개하다	
Yo	present**o**
Tú	present**as**
Usted / Él / Ella	present**a**
Nosotros/as	present**amos**
Vosotros/as	present**áis**
Ustedes / Ellos / Ellas	present**an**

✔ Yessi는 소개한다. → Yessi presenta.

✔ Yessi는 나에게 소개한다. → Yessi **me** presenta.

✔ Yessi는 우리에게 소개한다. → Yessi **nos** presenta.

✔ 그는 우리들에게 소개한다. → Él **nos** presenta.

✔ 그녀는 우리들에게 소개한다. → Ella **nos** presenta.

✔ 그들은 우리들에게 소개한다. → Ellos **nos** presentan.

✔ 그녀들은 우리들에게 소개한다. → Ellas **nos** presentan.

✔ Ana는 너희들에게 소개한다. → Ana **os** presenta.

✔ 그는 너희들에게 소개한다. → Él **os** presenta.

✔ 그녀는 너희들에게 소개한다. → Ella **os** presenta.

✔ 그들은 너희들에게 소개한다. → Ellos **os** presentan.

✔ 그녀들은 너희들에게 소개한다. → Ellas **os** presentan.

✔ Yessi는 우리들에게 소개한다. → Yessi **nos** presenta.

✔ Yessi는 우리들에게 우빈을 소개한다. → Yessi **nos** presenta **a 우빈**.

✔ Diego는 너희들에게 소개한다 → Diego **os** presenta.

✔ Diego는 너희들에게 혜수를 소개한다. → Diego **os** presenta **a 혜수**.

✔ 나는 너에게 소개할게. → (Yo) **te** presento.

✔ 너에게 소개할게. → **Te** presento.

✔ 너에게 Silvia를 소개할게. → **Te** presento a Silvia.

✔ 너희들에게 소개할게. → **Os** presento.

✔ 너희들에게 Ángela를 소개할게. → **Os** presento a Ángela.

✔ 너는 나에게 소개한다. → (Tú) **me** presentas.

✔ 나에게 소개해 줄래? → ¿**Me** presentas?

✔ 나에게 소개해 주시겠어요? → ¿**Me** presenta?

✔ 나에게 헤니를 소개해 줄래? → ¿**Me** presentas **a** 헤니?

✔ 우리들에게 헤니를 소개해 주시겠어요? → ¿**Nos** presenta **a** 헤니?

✔ 나에게 원빈을 소개해 주시겠어요? → ¿**Me** presenta **a** 원빈?

✔ 우리들에게 원빈을 소개해 주시겠어요? → ¿**Nos** presenta **a** 원빈?

✏️ **따라 써 보기 |** 한국어 해석을 보면서 스페인어를 써 보세요.

1 너는 우리들을 사랑한다.

(Tú) nos amas.

2 우리들에게 물을 줄래?

¿Nos das agua?

3 그는 우리들에게 소개한다.

Él nos presenta.

4 Diego는 너희들에게 혜수를 소개한다.

Diego os presenta a 혜수.

5 나에게 헤니를 소개해 줄래?

¿Me presentas a 헤니?

6 우리들에게 원빈을 소개해 주시겠어요?

¿Nos presenta a 원빈?

연습 문제

오늘 배운 내용을 완전히 내 것으로 만들어 봐요!

① 인칭대명사에 알맞은 presentar 동사 변화를 적어 봅시다.

a. Yo

b. Tú

c. Usted / Él / Ella

d. Nosotros/as

e. Vosotros/as

f. Ustedes / Ellos / Ellas

② 나열된 단어를 순서대로 배열하여 문장을 만들어 봅시다.

a. 나에게 원빈을 소개해 줄래?
 (a / me / 원빈 / presentas)

➡ _____

b. 우리들에게 원빈을 소개해 줄래?
 (원빈 / presentas / nos / a)

➡ _____

c. 너희들에게 원빈을 소개할게.
 (presento / os / 원빈 / a)

➡ _____

d. 너에게 혜수를 소개할게.
 (a / presento / 혜수 / te)

➡ _____

③ 오늘 배운 표현들을 직접 작문해 봅시다.

a. 나에게 원빈을 소개해 줄래?

➡ _____

b. 우리들에게 원빈을 소개해 줄래?

➡ _____

c. 너희들에게 원빈을 소개할게.

➡ _____

d. 너에게 혜수를 소개할게.

➡ _____

④ 다음 해석을 보고 알맞은 스페인어 예문을 연결해 봅시다.

a. 그는 너희들에게 소개한다. · · a. Os presentamos.

b. 우리들은 너희들에게 소개한다. · · b. ¿Ustedes nos presentan?

c. 그녀는 우리들에게 소개한다. · · c. Ella nos presenta.

d. 당신들은 우리들에게 소개하나요? · · d. Él os presenta.

오늘 꼭 기억해 두어야 할 문장! 완전히 내 것으로 만들어 봐요.

❶ ¿Me presentas a 원빈?

❷ ¿Nos presentas a 원빈?

❸ Os presento a 원빈.

❹ Te presento a 혜수.

정답

1 a. presento / b. presentas / c. presenta / d. presentamos / e. presentáis / f. presentan

2-3 a. ¿Me presentas a 원빈? / b. ¿Nos presentas a 원빈? / c. Os presento a 원빈. / d. Te presento a 혜수.

4 a. (d) Él os presenta. / b. (a) Os presentamos. / c. (c) Ella nos presenta. / d. (b) ¿Ustedes nos presentan?

❶ (Yo) te amo.

❷ 원빈 me ama.

❸ 원빈 no me ama.

❹ Amo a 원빈.

❺ Amamos aprender español.

❻ ¿Me das agua, por favor?

❼ ¿Me da agua, por favor?

❽ Yessi me da agua.

❾ Doy agua a 원빈.

❿ ¿Me presentas a 원빈?

⓫ Nos presentas a 원빈?

⓬ Os presento a 원빈.

⓭ Te presento a 혜수.

Salamanca 학문의 도시

▲ 살라만카 대학 정문(Universidad de Salamanca)

이번에 떠나 볼 곳은 스페인 중부에 위치한 카스티야 이 레온(Castilla y León)주에 속한 소도시, 스페인의 숨은 보석이라 불리는 '살라만카(Salamanca)'입니다. 이곳은 명실상부하게 스페인을 대표하는 학문의 도시로, 스페인에서 가장 오래된 대학인 '살라만카 대학(Universidad de Salamanca)'이 있는 곳인데요, 살라만카 대학은 유럽 최초로 '대학'이라는 명칭을 사용했으며 16세기까지 스페인 학문과 예술의 최대 중심지로 활약한 교육 기관입니다. 특히 살라만카 대학의 정문은 '플라테레스코(Plateresco) 양식'으로 건축된 것으로 유명하며,

웅장한 아름다움을 자랑하여 관광객들의 발길이 끊이지 않습니다. 살라만카에서 꼭 방문해야 할 명소가 하나 더 있습니다. 바로 스페인에서 가장 아름답기로 소문난 '마요르 광장(Plaza Mayor)'입니다. 섬세한 기교가 돋보이는 르네상스 양식의 건축물은 그 위용이 대단한데요. 눈을 뗄 수 없는 마요르 광장의 황홀한 야경은, 스페인에서 절대 놓칠 수 없는 볼거리 중 하나로 꼽힙니다.

젊은이들의 활력과 아름다운 야경이 매력적인 도시, 살라만카로 꼭 한번 떠나 보세요!

● 플라테레스코(Plateresco) 양식: 15세기 후기부터 스페인에서 발달된 건축 양식으로, 꽃으로 이루어진 호화로운 디자인과 장식줄이 들어가 있는 것이 특징입니다. 이는 고딕 양식, 르네상스 양식이 혼합된 스페인만의 독특한 건축 양식입니다.

07

Yessi는
커피를 마시고
있는 중이야.

핵심
학습   현재분사를 활용하여 문장 만들기

Capítulo 23 나는 커피를 마시는 중입니다.

Capítulo 24 나는 커피를 마시면서 스페인어를 공부합니다.

Capítulo
23

Estoy tomando café.

나는 커피를 마시는 중입니다.

학습 목표

'~하는 중이야, ~하고 있어'와 같은 현재진행형 문장은 스페인어로 어떻게 표현할까요? 이번 시간에는 현재진행형 문장을 만들어 보겠습니다.

학습 단어

comer tacos 타코를 먹다 | hacer 하다, 만들다 | ahora 지금 | qué 무엇 | fumar 담배를 피우다 | hablar 말하다 | cantar 노래하다 | bailar 춤추다 | estudiar 공부하다

지난 시간 복습

잠깐! 다시 떠올려 볼까요?

❶ 직접목적격 대명사, 간접목적격 대명사

- ✔ 나에게 헤니를 소개해 줄래? → ¿Me presentas a 헤니?

- ✔ 나를, 나에게 → me
- ✔ 너를, 너에게 → te
- ✔ 우리들을, 우리들에게 → nos
- ✔ 너희들을, 너희들에게 → os

지난 강의에서는 인칭대명사와 presentar 동사의 현재시제 변화형을 활용한 말하기를 배웠습니다.

presentar 소개하다	
Yo	present**o**
Tú	present**as**
Usted / Él / Ella	present**a**
Nosotros/as	present**amos**
Vosotros/as	present**áis**
Ustedes / Ellos / Ellas	present**an**

❷ 지난 강의 주요 표현

- ✔ 나에게 원빈을 소개해 줄래? → ¿**Me** presentas **a** 원빈?
- ✔ 우리들에게 원빈을 소개해 줄래? → ¿**Nos** presentas **a** 원빈?
- ✔ 너에게 원빈을 소개할게. → **Te** presento **a** 원빈.
- ✔ 너희들에게 혜수를 소개할게. → **Os** presento **a** 혜수.

오늘도 하나씩 쌓아 가기!

오늘의 숫자와 표현을 하나씩 쌓고, 오늘의 단어와 밑줄 포인트를 익혀 봅시다.

① 오늘의 숫자

✔ 숫자 23 ➡ veintitrés

② 오늘의 표현

✔ 힘내! ➡ ¡Ánimo!

③ 오늘의 단어

✔ 타코를 먹다 ➡ comer tacos

✔ 하다, 만들다 ➡ hacer

✔ 지금 ➡ ahora

✔ 무엇 ➡ qué

④ 오늘의 밑줄 긋기

✎ '너는 **무엇**을 하고 있니?'와 같이 의문사를 사용한 의문문을 만들 때에는 '의문사 + 동사 + 주어'의 어순을 따릅니다. 꼭 기억해 주세요!

　Ej ¿Qué tomas tú? 너 무엇을 마시니?

　　¿Qué comes tú? 너 무엇을 먹니?

오늘의 학습

오늘은 무엇을 배워 볼까요?

❶ 오늘의 핵심 포인트

이번 강의에서는 현재진행형을 만들어 봅시다. 현재진행형을 만들기 위해서는 estar 동사가 필요합니다. estar 동사 변형 기억나시나요? 다시 한 번 확인해 보겠습니다.

estar ~이다, ~에 있다	
Yo	estoy
Tú	estás
Usted / Él / Ella	está
Nosotros/as	estamos
Vosotros/as	estáis
Ustedes / Ellos / Ellas	están

[-ando / -iendo = ~하는 중]

마시는 중	tomar → tom**ando**
먹는 중	comer → com**iendo**
사는 중	vivir → viv**iendo**

✔ 마시는 중   tom**ar**   ➡ tom**ando**

✔ 말하는 중   habl**ar**   ➡ habl**ando**

✔ 여행하는 중   viaj**ar**   ➡ viaj**ando**

✔ 담배 피우는 중   fum**ar**   ➡ fum**ando**

✔ 먹는 중	com**er**	→ com**iendo**
✔ 배우는 중	aprend**er**	→ aprend**iendo**
✔ 하는 중	hac**er**	→ hac**iendo**
✔ 사는 중	viv**ir**	→ viv**iendo**
✔ 쓰는 중	escrib**ir**	→ escrib**iendo**

[estar 동사 + '-ando / -iendo' = ~하는 중이다]

✔ 나는 담배 피우는 중이다.   → Estoy fumando.

✔ 나는 마시는 중이다.   → Estoy tomando.

✔ 나는 말하는 중이다.   → Estoy hablando.

✔ 그녀는 마시는 중이다.   → Ella está tomando.

✔ 그녀는 커피 마시는 중이다.   → Ella está tomando café.

✔ 그녀는 떼낄라 마시는 중이다.   → Ella está tomando tequila.

✔ 우리들은 여행하는 중이다.   → Estamos viajando.

✔ 우리들은 스페인을 여행하는 중이다.   → Estamos viajando por España.

✔ 나는 타코를 먹는 중이다.   → Estoy comiendo tacos.

✔ 너는 스페인어를 배우는 중이다.   → Estás aprendiendo español.

✔ 우리들은 살고 있는 중이다.   → Estamos viviendo.

✔ 우리들은 한국에 살고 있는 중이다.   → Estamos viviendo en Corea.

✔ 너는 하는 중이다. / 너는 하고 있다.   → Estás haciendo.

✔ 너 하는 중이야?	→ ¿Estás haciendo?
✔ 너 뭐 하는 중이야? / 너 뭐 하고 있어?	→ **¿Qué** estás haciendo?
✔ 나는 담배 피우고 있어.	→ Estoy fumando.
✔ 나는 Yessi랑 대화하고 있어.	→ Estoy hablando con Yessi.
✔ 엄마 뭐 하고 있어?	→ ¿Qué está haciendo mamá?
✔ 맥주 마시고 있는 중이야.	→ Está tomando cerveza.
✔ Yessi는 뭐 하고 있어?	→ ¿Qué está haciendo Yessi?
✔ 담배 피우고 있어.	→ Está fumando.
✔ 집에서 담배 피우고 있어.	→ Está fumando en casa.

✎ **따라 써 보기** | 한국어 해석을 보면서 스페인어를 써 보세요.

① 나는 마시는 중이다.

Estoy tomando.

② 너는 스페인어를 배우는 중이다.

Estás aprendiendo español.

③ 그녀는 떼낄라 마시는 중이다.

Ella está tomando tequila.

④ 우리들은 여행하는 중이다.

Estamos viajando.

⑤ 우리들은 스페인을 여행하는 중이다.

Estamos viajando por España.

연습 문제

오늘 배운 내용을 완전히 내 것으로 만들어 봐요!

❶ 인칭대명사에 알맞은 estar 동사 변화를 적어 봅시다.

estar

a. Yo

b. Tú

c. Usted / Él / Ella

d. Nosotros/as

e. Vosotros/as

f. Ustedes / Ellos / Ellas

❷ 제시된 동사의 알맞은 현재진행 변화형을 적어 봅시다.

a. tomar ➡ ➡ 마시는 중

b. comer ➡ ➡ 먹는 중

c. vivir ➡ ➡ 사는 중

d. hacer ➡ ➡ 하는 중

e. viajar ➡ ➡ 여행하는 중

❸ 오늘 배운 표현들을 직접 작문해 봅시다.

a. 나는 타코를 먹는 중이다.
➡ _____

b. 나는 Yessi랑 대화하는 중이다.
➡ _____

c. 너는 지금 뭐 하고 있어?
➡ _____

d. 나는 집에서 담배 피우고 있어.
➡ _____

④ 제시된 동사를 이용해 직접 작문해 봅시다.

cantar 노래하다 | bailar 춤추다 | aprender 배우다

a. 그녀는 노래를 부르고 있어.

➡ _____

b. 그들은 춤을 추고 있어.

➡ _____

c. Juan이 춤을 추고 있어.

➡ _____

d. 우리들은 스페인어를 배우고 있어.

➡ _____

오늘 꼭 기억해 두어야 할 문장! 완전히 내 것으로 만들어 봐요.

① Estoy comiendo tacos.
② Estoy hablando con Yessi.
③ ¿Qué estás haciendo ahora?
④ Estoy fumando en casa.

정답

1   a. estoy / b. estás / c. está / d. estamos / e. estáis / f. están

2   a. tomando / b. comiendo / c. viviendo / e. haciendo / f. viajando

3   a. Estoy comiendo tacos. / b. Estoy hablando con Yessi. / c. ¿Qué estás haciendo ahora? / d. Estoy fumando
     en casa.

4   a. Ella está cantando. / b. Ellos están bailando. / c. Juan está bailando. / d. Estamos aprendiendo español.

Capítulo 24

Estudio español tomando café.

나는 커피를 마시면서 스페인어를 공부합니다.

지난 시간 복습

잠깐! 다시 떠올려 볼까요?

❶ estar 동사 + '-ando / -iendo' = ~하는 중이다

이제 여러분은 친구와 통화할 때 '너 뭐 하는 중이야?'라고 스페인어로 현재진행형을 사용하여 말할 수 있습니다. 'estar + -ando / -iendo'로 구성되는 현재진행형에서 '-ando / -iendo' 형태를 **현재분사**라고 합니다.

-ar 동사	-ando
-er 동사	-iendo
-ir 동사	

❷ 지난 강의 주요 표현

- ✔ 나는 커피를 마시는 중이다. → Estoy tomando café.
- ✔ 나는 멕시코를 여행하는 중이다. → Estoy viajando por México.
- ✔ 나는 마드리드에 살고 있는 중이다. → Estoy viviendo en Madrid.
- ✔ Yessi는 집에서 담배 피우는 중이다. → Yessi está fumando en casa.
- ✔ Yessi는 타코를 먹는 중이다. → Yessi está comiendo tacos.
- ✔ 우리들은 바르셀로나에 사는 중이다. → Estamos viviendo en Barcelona.

- ✔ 너는 지금 뭐 하는 중이야? → ¿Qué estás haciendo ahora?
- ✔ Yessi랑 커피 마시는 중이야. → Estoy tomando café con Yessi.

오늘도 하나씩 쌓아 가기!

오늘의 숫자와 표현을 하나씩 쌓고, 오늘의 단어와 밑줄 포인트를 익혀 봅시다.

❶ 오늘의 숫자

✔ 숫자 24 ➡ veinticuatro

❷ 오늘의 표현

✔ 메리 크리스마스! ➡ ¡Feliz Navidad!

✔ 당신의 번영과 행복을 기원합니다! ➡ ¡Próspero año y felicidad!

TIP 해마다 크리스마스가 오면 한 번쯤 들어 본 캐롤 'Feliz Navidad'가 바로 스페인어였네요. 이는 '메리 크리스마스'라는 뜻으로, 'José Feliciano(호세 펠리시아노)'의 곡이랍니다.

🎵 ¡Feliz Navidad! ¡Feliz Navidad! ¡Feliz Navidad! ¡Feliz Navidad! Próspero año y felicidad…

❸ 오늘의 단어

✔ 공부하다 ➡ estudiar

✔ 스페인어를 공부하다 ➡ estudiar español

✔ 그리고 ➡ y

❹ 오늘의 밑줄 긋기

◆ '그리고'라는 뜻의 'y'는 뒤에 따라오는 명사의 철자에 따라 표기에 영향을 받습니다. 'i-' 나 'hi-'로 시작되는 단어 앞에서는 음의 혼동을 피하기 위해 'y'를 'e'로 바꾸어 씁니다. 단 'hie-'로 시작되는 단어나 글머리에서는 바뀌지 않으니 꼭 유의하세요!

Ej padre e hijo 아버지와 아들   tigre y hiena 호랑이와 하이에나

오늘의 학습

오늘은 무엇을 배워 볼까요?

① 오늘의 핵심 포인트

현재진행형을 만들 때 현재분사에 estar 동사를 더하여 '~하는 중이다'라는 표현을 만들어 보았습니다. 이번 시간에는 현재분사의 또 다른 쓰임, '~하면서'라고 해석되는 용법을 배워 보겠습니다.

② estudiar 동사 현재시제 규칙 변화

estudiar 공부하다	
Yo	estudi**o**
Tú	estudi**as**
Usted / Él / Ella	estudi**a**
Nosotros/as	estudi**amos**
Vosotros/as	estudi**áis**
Ustedes / Ellos / Ellas	estudi**an**

~하면서	-ando	담배 피우면서 → fum**ando**
	-iendo	먹으면서 → com**iendo** 쓰면서 → escrib**iendo**

✔ 나는 담배 피우면서 공부한다.　　　　　⇒ Estudio **fumando**.

✔ 너는 담배 피우면서 공부한다.　　　　　⇒ Estudias **fumando**.

✔ 우리는 담배 피우면서 공부한다.　　　　⇒ Estudiamos **fumando**.

✔ 당신들은 담배 피우면서 공부하세요?　　⇒ ¿Estudian **fumando**?

✔ 나는 커피를 마신다 / 담배 피우면서   → Tomo café **fumando**.

✔ 나는 스페인어를 배운다 / 담배 피우면서   → Aprendo español **fumando**.

✔ 나는 집에 있다 / 공부하면서   → Estoy en casa **estudiando**.

✔ 나는 돈을 번다 / 공부하면서   → Gano dinero **estudiando**.

✔ 나는 돈을 번다 / 여행하면서   → Gano dinero **viajando**.

✔ 나는 담배를 피운다 / 떼낄라를 마시면서
     → Fumo **tomando tequila**.

✔ 나는 스페인어를 공부한다 / 떼낄라를 마시면서
     → Estudio español **tomando tequila**.

✔ 나는 무언가를 적는다 / 맥주를 마시면서
     → Escribo algo **tomando cerveza**.

TIP 'escribir 적다, 쓰다' 동사 자체로 '글을 쓰다'라고 해석할 수 있습니다

✔ 나는 Yessi와 있다 / 맥주 마시면서
     → Estoy con Yessi **tomando cerveza**.

✔ 나는 Yessi와 있다 / 커피 마시면서
     → Estoy con Yessi **tomando café**.

✔ 나는 커피를 마시면서 집에 있다.
     → Estoy en casa tomando café.

✔ 나는 여행하면서 행복하게 산다
     → Vivo felizmente viajando.

✔ 나는 글을 쓰면서 돈을 번다.
     → Gano dinero escribiendo.

✔ 나는 타코를 먹으면서 무언가를 쓴다.

   → Escribo algo comiendo tacos.

✔ 나는 타코를 먹으면서 무언가를 쓰는 중이야.

   → Estoy **escribiendo algo y comiendo tacos**.

✔ 나는 커피를 마시면서 무언가를 쓰는 중이야.

   → Estoy **escribiendo algo y tomando café**.

✎ 따라 써 보기 | 한국어 해석을 보면서 스페인어를 써 보세요.

1 너는 담배 피우면서 공부한다.

Estudias fumando.

2 당신들은 담배 피우면서 공부하세요?

¿Estudian fumando?

3 나는 공부하면서 집에 있다.

Estoy en casa estudiando.

4 나는 여행하면서 돈을 번다.

Gano dinero viajando.

5 나는 타코를 먹으면서 영어를 공부한다.

Estudio inglés comiendo tacos.

6 나는 커피를 마시면서 무언가를 쓰는 중이야.

Estoy escribiendo algo y tomando café.

연습 문제

오늘 배운 내용을 완전히 내 것으로 만들어 봐요!

❶ 인칭대명사에 따라 빈칸에 알맞은 estudiar 동사 변화를 적어 봅시다.

estudiar

a. Yo

b. Tú

c. Usted / Él / Ella

d. Nosotros/as

e. Vosotros/as

f. Ustedes / Ellos / Ellas

❷ 제시된 동사의 알맞은 현재 진행 변화형을 적어 봅시다.

a. fumar ➡ ➡ 담배 피우는 중

b. escribir ➡ ➡ 쓰는 중

c. estudiar ➡ ➡ 공부하는 중

d. aprender ➡ ➡ 배우는 중

❸ 오늘 배운 표현들을 직접 작문해 봅시다.

a. 나는 커피를 마시면서 스페인어를 공부한다.

➡ _____

b. 나는 떼낄라를 마시면서 스페인어를 배운다.

➡ _____

c. 나는 여행하면서 행복하게 산다.

➡ _____

d. 나는 글을 쓰면서 돈을 번다.

→ _____

④ 제시된 동사를 이용해 직접 작문해 봅시다.

> **ver la televisión** 텔레비전을 보다 | **algo** 무언가, 무엇 |
> **cantar** 노래하다 | **fruta** f. 과일 | **chino** m. 중국어, 중국인(남자) |
> **China** f. 중국 | **aprender** 배우다 | **viajar** 여행하다 | **estudiar** 공부하다

a. 나는 공부하면서 과일을 먹는다.

→ _____

b. 너는 텔레비전을 보면서 무언가를 먹는다.

→ _____

c. 그들은 중국을 여행하면서 중국어를 배운다.

→ _____

d. 너희들은 노래를 부르면서 행복하게 산다.

→ _____

오늘 꼭 기억해 두어야 할 문장! 완전히 내 것으로 만들어 봐요.

① Estudio español tomando café.

② Aprendo español tomando tequila.

③ Vivo felizmente viajando.

④ Gano dinero escribiendo.

정답

1 **a.** estudio / **b.** estudias / **c.** estudia / **d.** estudiamos / **e.** estudiáis / **f.** estudian

2 **a.** fumando / **b.** escribiendo / **c.** estudiando / **d.** aprendiendo

3 **a.** Estudio español tomando café. / **b.** Aprendo español tomando tequila. / **c.** Vivo felizmente viajando. /
　　d. Gano dinero escribiendo.

4 **a.** Como fruta estudiando. / **b.** Comes algo viendo la televisión. / **c.** Aprenden chino viajando por China. /
　　d. Vivís felizmente cantando.

1 Estoy comiendo tacos.

2 Estoy hablando con Yessi.

3 ¿Qué está haciendo mamá?

4 Está tomando cerveza.

5 ¿Qué estás haciendo ahora?

6 Estoy fumando en casa.

7 Estudio español tomando café.

8 Escribo algo tomando cerveza.

9 Vivo felizmente viajando.

10 Gano dinero escribiendo.

Santiago de Compostela
성지 순례의 목적지

▲ 성지 순례 이정표

'¡Buen camino! 좋은 길 되세요!'라는 인사말을 주고받는 곳이 있죠. 바로 스페인 산티아고 순례길입니다. 산티아고 순례길은 세계 각국의 여행자들이 홀로 또는 함께 모여 걷는 약 1,000km에 이르는 긴 코스를 지칭하며, 총 3가지 길로 나뉘는데요. 우리에게 가장 잘 알려진 스페인 순례자 길, 프랑스 남부 지역에서 시작하는 프랑스 순례자 길(Camino Francés)과 포르투갈 수도 리스본에서 시작하는 포르투갈 순례자 길(Camino Portugués)이 바로 그것입니다.

산티아고 순례자길의 특징이 있다면 바로 곳곳마다 순례자의 쉼터 역할을 해주는 알베르게(Albergue)가 있다는 점인데요. '숙박소'라는 의미의 알베르게는 순례길에서 자주 마주할 수 있으며, 순례자들의 피곤함을 덜어주는 안식처 역할을 톡톡히 하고 있습니다. 또한 가리비가 이정표 역할을 한다는 점 역시 산티아고 순례자길의 특별한 점인데요. 이 가리비가 가리키는 순례길의 끝에는 스페인 북부 갈리시아(Galicia)의 '산티아고 데 콤포스텔라(Santiago de Compostela)'가 있습니다.

산티아고 데 콤포스텔라는 성경에 나오는 12사도 중 한 사람인 성 야고보(야곱)의 순교지로 알려진 곳으로, 유네스코 세계유산으로 선정된 도시이기도 합니다. 산티아고 데 콤포스텔라 대성당에는 순례길의 마지막을 장식하는 미사를 드리기 위해 방문한 전 세계의 순례자들로 일년 내내 북적인다고 해요. 전 세계 수많은 사람들의 염원과 수행의 숭고함이 깃든 산티아고 데 콤포스텔라에서 조용히 사색에 잠겨 보는 건 어떨까요?

PARTE

08

Yessi는
스페인을
여행할 거야.

핵심
학습   'ir 동사'를 활용하여 말하기

Capítulo 25   나는 쉬려고 집에 갑니다.

Capítulo 26   나는 스페인어를 공부할 것입니다.

Capítulo
25

Voy a casa para descansar.

나는 쉬려고 집에 갑니다.

지난 시간 복습

잠깐! 다시 떠올려 볼까요?

❶ -ando / -iendo ~하면서

- ✔ 말하면서   → hablando
- ✔ 배우면서   → aprendiendo
- ✔ 글을 쓰면서   → escribiendo

❷ 지난 강의 주요 표현

- ✔ 나는 담배를 피우면서 스페인어를 공부한다.   → Estudio español fumando.
- ✔ 나는 글을 쓰면서 돈을 번다.   → Gano dinero escribiendo.
- ✔ 나는 여행하면서 행복하게 살아.   → Vivo felizmente viajando.

오늘도 하나씩 쌓아 가기!

오늘의 숫자와 표현을 하나씩 쌓고, 오늘의 단어와 밑줄 포인트를 익혀 봅시다.

❶ 오늘의 숫자

- ✔ 숫자 25   → veinticinco

❷ 오늘의 표현

- ✔ 새해 복 많이 받으세요! → ¡Feliz Año Nuevo!

③ 오늘의 단어

- ✔ 가다 → ir
- ✔ ~에 가다 → ir + a + 장소
- ✔ 서울에 가다 → ir a Seúl
- ✔ 한국에 가다 → ir a Corea

- ✔ 멕시코에 가다 → ir a México
- ✔ 스페인에 가다 → ir a España
- ✔ 아르헨티나에 가다 → ir a Argentina
- ✔ 집에 가다 → ir a casa
- ✔ 쉬다 → descansar
- ✔ 밥 먹다 → comer

④ 오늘의 밑줄 긋기

✎ '먹다'라는 뜻의 comer 동사는 단독으로 쓰일 때 '밥 먹다, 식사하다'라는 뜻으로도 쓰입니다.
그리고 'ir + a + 장소'는 '~에 가다'라는 뜻입니다. 이처럼 어느 동작이 향하는 방향, 귀착점을 의미하는 간접목적어 앞에는 언제나 전치사 'a'가 쓰인다는 점, 기억해 주세요!

오늘의 학습

오늘은 무엇을 배워 볼까요?

❶ 오늘의 핵심 포인트

이번 강의에서는 ir 동사를 익혀 봅시다. ir 동사는 대표적인 불규칙 동사이므로 반복해서 연습하는 것이 중요합니다. 아래 표를 보면서 ir 동사의 변화형을 소리 내어 여러 번 읽어 보세요.

ir 가다	
Yo	voy
Tú	vas
Usted / Él / Ella	va
Nosotros/as	vamos
Vosotros/as	vais
Ustedes / Ellos / Ellas	van

❷ ir 동사 응용

- ✔ 나는 서울에 간다. → Voy a Seúl.
- ✔ Juana는 멕시코에 간다. → Juana va a México.
- ✔ Gabriela는 마드리드에 간다. → Gabriela va a Madrid.
- ✔ 우리들은 스페인에 간다. → Vamos a España.

✔ 너는 스페인에 가니?   → ¿Vas a España?

✔ 당신은 스페인에 가요?   → ¿Usted va a España?

✔ 네, 저는 스페인에 가요.   → Sí, voy a España.

✔ 아니요, 저는 스페인에 안 가요.   → No, no voy a España.

✔ 너는 어디에 가니?   → ¿Dónde vas?

✔ 당신은 어디에 가요?   → ¿Dónde va usted?

✔ 저는 집에 가요.   → Voy a casa.

✔ 너희들은 어디에 가니?   → ¿Dónde vais?

✔ 우리들은 울산에 가.   → Vamos a Ulsan.

❸ para + 동사 원형 활용하기

✔ 나는 집에 간다.
→ Voy a casa.

✔ 나는 집에 간다 / 공부하려고
→ Voy a casa para estudiar.

✔ 나는 집에 간다 / 밥을 먹으려고
→ Voy a casa para comer.

✔ 나는 집에 간다 / 쉬려고
→ Voy a casa para descansar.

✔ Diana는 여행하려고 멕시코에 간다.
→ Diana va a México para viajar.

✔ 우리들은 여행하려고 스페인에 간다.
→ Vamos a España para viajar.

✔ 나는 스페인어를 배우려고 시원스쿨에 간다.
→ Voy a 시원스쿨 para aprender español.

✔ 나는 커피를 마시려고 별다방에 간다.
→ Voy a 별다방 para tomar café.

1 나는 서울에 간다.

Voy a Seúl.

2 나는 밥을 먹으려고 집에 간다.

Voy a casa para comer.

3 나는 커피를 마시려고 카페에 가.

Voy a cafetería para tomar café.

4 너희들은 어디에 가니?

¿Dónde vais?

5 우리들은 울산에 가.

Vamos a Ulsan.

6 Diana는 여행하려고 멕시코에 간다.

Diana va a México para viajar.

STEP 3 연습 문제

오늘 배운 내용을 완전히 내 것으로 만들어 봐요!

① 인칭대명사에 따라 빈칸에 알맞은 **ir** 동사 변화를 적어 봅시다.

ir

a. Yo

b. Tú

c. Usted / Él / Ella

d. Nosotros/as

e. Vosotros/as

f. Ustedes / Ellos / Ellas

② 나열된 단어를 순서대로 배열하여 문장으로 만들어 봅시다.

a. 너는 어디에 가니?

(vas / dónde)

➡ _____

b. 나는 스페인어를 배우려고 시원스쿨에 가.

(para / voy / 시원스쿨 / a / español / aprender)

➡ _____

c. 나는 쉬려고 집에 가.

(descansar / casa / a / para / voy)

➡ _____

③ 오늘 배운 표현들을 직접 작문해 봅시다.

a. 너는 어디에 가니?

➡ _____

b. 나는 스페인어를 배우려고 시원스쿨에 가.

➡ _____

c. 나는 쉬려고 집에 가.

➡ _____

④ 제시된 동사를 이용해 직접 작문해 봅시다.

> **Madrid** f. 마드리드 | **España** f. 스페인 | **México** m. 멕시코 | **vivir** 살다 | **ganar dinero** 돈을 벌다

a. 나는 마드리드에 간다.

➡ _____

b. 그녀는 살기 위해 스페인에 간다.

➡ _____

c. 그들은 돈을 벌기 위해 멕시코에 간다.

➡ _____

오늘 꼭 기억해 두어야 할 문장! 완전히 내 것으로 만들어 봐요.

❶ ¿Dónde vas?

❷ Voy a 시원스쿨 para aprender español.

❸ Voy a casa para descansar.

정답

1   **a.** voy / **b.** vas / **c.** va / **d.** vamos / **e.** vais / **f.** van

2-3 **a.** ¿Dónde vas? / **b.** Voy a 시원스쿨 para aprender español. / **c.** Voy a casa para descansar.

4   **a.** Voy a Madrid. / **b.** Ella va a España para vivir. / **c.** Ellos van a México para ganar dinero.

Capítulo

26

Voy a estudiar español.

나는 스페인어를 공부할 것입니다.

학습
목표

지난 시간에 배웠던 ir 동사를 활용하여 이번 시간에는 가까운 미래를 말해 봅시다.
'ir + a + 동사 원형'을 활용하여 '나는 스페인어 공부할 거야'와 같은 문장을 만들
수 있어요.

학습
단어

Japón m. 일본 | **tequila** m. 떼낄라 | **español** m. 스페인어 | **hacer** 하다, 만들다
| **viajar** 여행하다 | **estudiar** 공부하다 | **tomar café** 커피를 마시다 | **un rato** 잠깐 |
hoy 오늘 | **descansar** 쉬다

지난 시간 복습

STEP 1

잠깐! 다시 떠올려 볼까요?

① ir 동사의 현재 시제 변화

ir 가다	
Yo	voy
Tú	vas
Usted / Él / Ella	va
Nosotros/as	vamos
Vosotros/as	vais
Ustedes / Ellos / Ellas	van

② 지난 강의 주요 표현

- ✔ 너는 어디에 가니? → ¿Dónde vas?
- ✔ 나 쉬려고 집에 가. → Voy a casa para descansar.
- ✔ 나 스페인어 배우려고 시원스쿨에 가. → Voy a 시원스쿨 para aprender español.
- ✔ 나 떼낄라 마시려고 멕시코에 가. → Voy a México para tomar tequila.

오늘도 하나씩 쌓아 가기!

오늘의 숫자와 표현을 하나씩 쌓고, 오늘의 단어와 밑줄 포인트를 익혀 봅시다.

① 오늘의 숫자

- ✔ 숫자 26 → veintiséis

❷ 오늘의 표현

✔ 생일 축하해! ➡ ¡Feliz cumpleaños!

TIP 스페인의 생일 축하 노래도 한국의 생일 축하 노래와 멜로디가 같답니다. 생일을 맞은 친구가 있다면 자신 있게 스페인어로 이 노래를 불러 주세요.

🎵 Cumpleaños feliz Cumpleaños feliz Te deseamos todos Cumpleaños feliz···

❸ 오늘의 단어

✔ 하다, 만들다 ➡ hacer

✔ 잠깐 ➡ un rato

✔ 오늘 ➡ hoy

❹ 오늘의 밑줄 긋기

✎ '~을 하자!'라고 표현할 때는 감탄문처럼 문장의 앞뒤에 감탄부호 '¡ !'를 표기해야 한다는 사실, 잊지 마세요!

🇪 ¡Vamos a descansar! 우리 쉬자!
¡Vamos a viajar! 우리 여행하자!

오늘의 학습

오늘은 무엇을 배워 볼까요?

❶ 오늘의 핵심 포인트

ir 동사를 활용하여 가까운 미래를 말하는 방법은 간단합니다. 'ir + a + 동사 원형'을 활용하여 '~할 것이다, ~할 거야'라는 표현을 할 수 있습니다. 아래 표를 보면서 ir 동사의 시제 변화 형태와 어순을 정리하고, 문장을 만들어 봅시다.

ir 가다		+ a + 동사 원형
Yo	voy	
Tú	vas	
Usted / Él / Ella	va	
Nosotros/as	vamos	
Vosotros/as	vais	
Ustedes / Ellos / Ellas	van	

❷ ir + a + 동사 원형 = ~할 것이다 / ~할 거야

- ✔ 나는 먹을 것이다.　　　　→ Voy a comer.

- ✔ 나는 마실 것이다.　　　　→ Voy a tomar.

- ✔ 나는 여행할 것이다.　　　→ Voy a viajar.

- ✔ 나는 갈 것이다.　　　　　→ Voy a ir.

✔ 나는 스페인어를 공부할 것이다.   → Voy a estudiar español.

✔ 나는 커피를 마실 것이다.   → Voy a tomar café.

✔ 나는 멕시코를 여행할 것이다.   → Voy a viajar por México.

✔ 우리들은 스페인어를 공부할 것이다.   → Vamos a estudiar español.

✔ 너는 스페인을 여행할 거야?   → ¿Vas a viajar por España?

✔ 너희들은 스페인을 여행할 거야?   → ¿Vais a viajar por España?

✔ Ana는 빠에야를 먹을 것이다.   → Ana va a comer paella.

✔ 그녀들은 빠에야를 먹을 것이다.   → Ellas van a comer paella.

✔ 나는 시원스쿨에 갈 것이다.   → Voy a ir a 시원스쿨.

✔ 나는 스페인어를 배우기 위해 시원스쿨에 갈 것이다.
  → Voy a ir a 시원스쿨 para aprender español.

✔ 나는 여행하기 위해 멕시코에 갈 것이다.
  → Voy a ir a México para viajar.

✔ 너는 스페인어를 배울 거야?   → ¿Vas a aprender español?

✔ 응, 나는 스페인어를 배울 거야.   → Sí, voy a aprender español.

✔ 아니, 나는 스페인어를 안 배울 거야.   → No, no voy a aprender español.

✔ 너는 할 것이다.   → Vas a hacer.

✔ 너 뭐 할 거야?   → ¿Qué vas a hacer?

✔ 나는 스페인어를 공부할 거야.   → Voy a estudiar español.

✔ 나는 집에서 쉴 거야.   → Voy a descansar en casa.

✔ 나는 Yessi랑 스페인어를 공부할 거야.   → Voy a estudiar español con Yessi.

❸ ¡Vamos + a + 동사 원형! = (우리) ~하자!

✔ 강남에 가자!   → ¡Vamos a ir a 강남!

✔ 떼낄라를 마시자!   → ¡Vamos a tomar tequila!

✔ 우리 밥 먹자!   → ¡Vamos a comer!

✔ 담배 피우자!   → ¡Vamos a fumar!

✏️ **따라 써 보기** | 한국어 해석을 보면서 스페인어를 써 보세요.

❶ 나는 마실 것이다.

Voy a tomar.

❷ 나는 집에서 쉴 거야.

Voy a descansar en casa.

❸ 너희들은 스페인을 여행할 거야?

¿Vais a viajar por España?

❹ 그녀들은 빠에야를 먹을 것이다.

Ellas van a comer paella.

❺ 강남에 가자!

¡Vamos a ir a 강남!

❻ 떼낄라를 마시자!

¡Vamos a tomar tequila!

STEP 3 연습 문제

오늘 배운 내용을 완전히 내 것으로 만들어 봐요!

❶ 인칭대명사에 따라 빈칸에 알맞은 ir 동사 변화를 적고, 문장에 맞는 동사 원형을 적어 봅시다.

	ir		동사 원형

a. 나는 여행할 것이다.　　　　　　　　　　　　　 a

b. 너는 갈 것이다.　　　　　　　　　　　　　　 a

c. 그 / 그녀 / 당신은 마실 것이다.　　　　　　　 a

d. 우리들은 밥을 먹을 것이다.　　　　　　　　 a

e. 너희들은 공부할 것이다.　　　　　　　　　 a

f. 그들 / 그녀들 / 당신들은 담배를 피울 것이다.　 a

❷ 대화를 보고 한국어 문장을 스페인어로 작문해 봅시다.

> Carlos: Estoy muy cansado. a. 우리 잠깐 쉬자!
>
> Adrián: ¡Vale! ¿Qué vas a hacer hoy?
>
> Carlos: b. 나는 Diego랑 맥주 마실 거야. ¿Y tú?
>
> Adrián: c. 나는 스페인어를 배우러 시원스쿨에 갈 거야.

* ¡Vale!는 회화에서 '좋아!, 알았어!' 등으로 해석됩니다.

a. 우리 잠깐 쉬자!　　　　　➡ _____

b. 나는 Diego랑 맥주 마실 거야.　➡ _____

c. 나는 스페인어를 배우러 시원스쿨에 갈 거야. ➡ _____

❸ 대화를 보고 빈칸에 알맞은 문장을 골라 봅시다.

> **Luis: ¿Qué vas a hacer hoy?** _ 오늘 뭐 할 거야?
>
> **Ana: Voy a ir a mi casa con Elisa. ¿Y tú?** _ Elisa와 함께 우리 집에 갈 거야. 너는?
>
> **Luis: Nada.** _ 아무 일도 없어.
>
> **Ana:** [   ] _ 우리 집에 가자!

* mi casa의 mi는 단수 소유 형용사로 '나의 ~'라는 뜻을 가집니다.

a. Van a ir a viajar.

b. Vais a ir a mi casa.

c. ¡Vamos a ir a mi casa!

d. ¡Vamos a ir a comer!

❹ 제시된 단어를 이용해 직접 작문해 봅시다.

> **Japón** m. 일본 | **tequila** m. 떼낄라 | **español** m. 스페인어 |
> **viajar** 여행하다 | **estudiar** 공부하다 | **tomar café** 커피를 마시다

a. 나는 커피를 마실 것이다.

➡ _____

b. 그녀는 일본을 여행할 것이다.

➡ _____

c. 너희들은 스페인어를 공부할 것이다.

➡ _____

d. 우리 떼낄라를 마시자!

➡ _____

정답

1   a. voy – viajar / b. vas – ir / c. va – tomar / d. vamos – comer / e. vais – estudiar / f. van – fumar

2   a. ¡Vamos a descansar un rato! / b. Voy a tomar cerveza con Diego. / c. Voy a ir a 시원스쿨 para aprender español.

3   정답: c

4   a. Voy a tomar café. / b. Ella va a viajar por Japón. / c. Vais a estudiar español. / d. ¡Vamos a tomar tequila!

1 ¿Dónde vas?

2 Voy a casa para descansar.

3 Voy a 시원스쿨 para aprender español.

4 ¿Dónde vais?

5 Vamos a Ulsan.

6 Vamos a España para viajar.

7 ¿Qué vas a hacer?

8 Voy a ir a México para viajar.

9 ¡Vamos a tomar tequila!

10 Vamos a estudiar español.

라 리오하(La Rioja) 와인
스페인에서 가장 사랑받는 와인

▲ 리오하 와인

스페인 북부에 위치한 라 리오하(La Rioja) 지역에는 스페인 사람들이 가장 사랑하는 와인, 리오하 와인을 만드는 와인 산지가 있습니다. 이곳에서 생산되는 와인의 약 2/3 이상이 레드와인이라고 하는데요, 그만큼 이곳의 레드와인은 세계 최고의 와인들과 견주어도 결코 뒤지지 않을 만큼의 품질을 자랑합니다.

19세기 무렵 '필록세라(Filoxera)'라는 진딧물의 영향으로 프랑스의 와이너리가 큰 피해를 입자, 보르도 지역 와인 생산자들이 라 리오하로 대거 이동하면서 이 곳이 와인 산지로 유명해지기 시작했습니다. 이 지역은 보르도 지방과 토양 특성이 비슷하고 채광이 좋기 때문에 질 좋은 포도를 생산하기에 최적의 조건을 갖추고 있는데요. 보르도의 양조 기술을 바탕으로 리오하 와인은 단숨에 세계적인 와이너리로 성장했습니다. 라 리오하는 스페인 최초로 DOC(이탈리아 와인 등급, 원산지 통제 규정에 따라 만든 고급 와인)로 분류된 와인 생산지로, 오늘날 세계에서 '가장 위대한 5대 와인 산지'라는 명성을 얻고 있습니다. 이곳에 방문하시면 다양한 와이너리 투어까지 즐길 수 있다고 하니 와인 애호가라면 꼭 한번 방문해 보세요!

스페인 리오하 와인 구별법

● 비노 호벤(Vino joven): 담근 기간이 짧아 숙성되지 않은 와인으로, 신선한 맛이 특징
● 크리안사(Crianza): 최소 1년 이상 오크통에서 숙성시킨 후, 병에 옮겨 담아 2~3년의 숙성 기간을 거쳐 출시
● 레세르바(Reserva): 최소 1년 이상 오크통에서 숙성시킨 후, 병에 옮겨 담아 3년 이상의 숙성 기간을 거쳐 출시
● 그란 레세르바(Gran reserva): 최소 2년 이상 오크통에서 숙성시킨 후, 병에 옮겨 담아 3년 이상의 숙성 기간을 거쳐 출시

PARTE

09

Yessi는 어디에서
스페인어를 가르쳐?

 핵심 학습   의문사를 활용하여 의문문 만들기

Capítulo 27   너는 어디에서 스페인어를 배우니?

Capítulo 28   너는 누구와 스페인어를 공부하니?

Capítulo 27

¿Dónde aprendes español?

너는 어디에서 스페인어를 배우니?

학습 목표

이번 시간에는 다양한 의문사에 대해 학습하려고 합니다. 의문사를 활용한 의문문에서는 '의문사 + 동사 + 주어'의 어순을 따른다는 점을 한번 더 떠올리면서, 이번 시간에는 'dónde(어디) / cómo(어떻게) / qué(무엇) / quién(누구)'을 중점적으로 배워 보겠습니다.

학습 단어

juntos 함께 | **hoy** 오늘 | **enseñar** 가르치다 | **casa** f. 집 | **francés** m. 프랑스어 | **tango** m. 탱고 | **inglés** m. 영어

지난 시간 복습

잠깐! 다시 떠올려 볼까요?

❶ ir + a + 동사 원형 = ~할 것이다 / ~할 거야

ir 가다		
Yo	voy	
Tú	vas	
Usted / Él / Ella	va	**+ a + 동사 원형**
Nosotros/as	vamos	
Vosotros/as	vais	
Ustedes / Ellos / Ellas	van	

❷ ¡Vamos a 동사 원형! = (우리) ~하자!

ir 동사의 1인칭 복수 형태인 'vamos'를 활용하여 '~하자'라는 청유의 표현을 배워 보았습니다.

❸ 지난 강의 주요 표현

- ✔ 나는 여행하러 멕시코에 갈 거야. → Voy a ir a México para viajar.
- ✔ 너는 오늘 뭐 할 거야? → ¿Qué vas a hacer hoy?
- ✔ 나는 Yessi와 맥주 마실 거야. → Voy a tomar cerveza con Yessi.
- ✔ 잠깐 쉬자! → ¡Vamos a descansar un rato!
- ✔ 나는 Yessi와 스페인어를 공부할 거야. → Voy a estudiar español con Yessi.

오늘도 하나씩 쌓아 가기!

오늘의 숫자와 표현을 하나씩 쌓고, 오늘의 단어와 밑줄 포인트를 익혀 봅시다.

❶ 오늘의 숫자

- ✔ 숫자 27 → veintisiete

② 오늘의 표현

✔ 행운을 빌어! ➡ ¡Suerte!

③ 오늘의 단어

✔ 어디 / 어디에서   ➡ dónde

✔ 어떻게   ➡ cómo

✔ (수단, 방법) ~으로 / ~을 통해서   ➡ por

✔ 무엇   ➡ qué

✔ 누가   ➡ quién

✔ 함께   ➡ juntos

④ 오늘의 밑줄 긋기

🔖 스페인어의 의문사에는 'dónde', 'cómo', 'qué', 'quién' 외에도 'cuál 어떤 것, 어느 것', 'cuánto 얼만큼, 몇 개', 'cuándo 언제', 'por qué 왜'까지 총 8개가 있습니다.

어디, 어디에서	dónde
어떻게	cómo
무엇	qué
누가	quién
어떤 것, 어느 것	cuál
얼만큼, 몇 개	cuánto
언제	cuándo
왜	por qué

오늘의 학습

오늘은 무엇을 배워 볼까요?

① 오늘의 핵심 포인트

이번 강의에서는 estudiar 동사와 enseñar 동사를 활용하여 의문문을 연습해 봅시다.

	estudiar 공부하다	enseñar 가르치다
Yo	estud**io**	enseñ**o**
Tú	estudi**as**	enseñ**as**
Usted / Él / Ella	estudi**a**	enseñ**a**
Nosotros/as	estudi**amos**	enseñ**amos**
Vosotros/as	estudi**áis**	enseñ**áis**
Ustedes / Ellos / Ellas	estudi**an**	enseñ**an**

[dónde 어디]

- ✔ 너는 스페인어를 공부하니? → ¿Estudias español?
- ✔ 너는 어디에서 스페인어를 공부하니? → **¿Dónde** estudias español?
- ✔ 나는 집에서 스페인어를 공부해. → Estudio español **en casa**.
- ✔ Penelope는 어디에서 스페인어를 공부하니? → **¿Dónde** estudia español Penelope?
- ✔ 시원스쿨에서 스페인어를 공부해. → Estudia español **en** 시원스쿨.

- ✔ 너는 어디에서 스페인어를 가르치니? → **¿Dónde** enseñas español?
- ✔ 나는 집에서 스페인어를 가르쳐. → Enseño español **en** casa.
- ✔ Yessi는 어디에서 스페인어를 가르치니? → **¿Dónde** enseña español Yessi?
- ✔ 시원스쿨에서 스페인어를 가르쳐. → Enseña español **en** 시원스쿨.

[cómo 어떻게]

✔ 너는 어떻게 스페인어를 공부하니?　　→ ¿**Cómo** estudias español?

✔ 나는 시원스쿨에서 스페인어를 공부해.　→ Estudio español **en** 시원스쿨.

✔ 나는 시원스쿨로 스페인어를 공부해.　→ Estudio español **por** 시원스쿨.

TIP 'por'는 'viajar por + 장소(~를 여행하다)'라는 쓰임 외에도 수단이나 방법을 나타내기도 합니다.

✔ 나는 Yessi랑 스페인어를 공부해.　　→ Estudio español **con** Yessi.

cómo(어떻게)는 안부를 물어볼 때 자주 사용합니다.

✔ 너는 어떻게 지내니?　　　　→ ¿Cómo estás (tú)?

✔ 당신은 어떻게 지내요?　　　→ ¿Cómo está usted?

✔ 잘 지내요. / 매우 잘 지내요.　→ (Estoy) bien. / (Estoy) muy bien.

✔ 잘 못 지내요. / 매우 잘 못 지내요.　→ (Estoy) mal. / (Estoy) muy mal.

✔ 그저 그래요.　　　　　　　→ Así así.

[qué 무엇]

✔ 너는 무엇을 공부하니?　→ ¿**Qué** estudias?

✔ 너는 무엇을 배우니?　　→ ¿**Qué** aprendes?

✔ 너는 무엇을 먹니?　　　→ ¿**Qué** comes?

✔ 나는 스페인어를 공부해.　→ Estudio español.

✔ 나는 영어를 공부해.　　　→ Estudio inglés.

[quién 누구]
quién은 주어로 쓸 수 있습니다.

✔ 누가 스페인어를 가르치니?　→ ¿**Quién** enseña español?

✔ 누가 스페인어를 공부해?　　→ ¿**Quién** estudia español?

✔ 누가 스페인어를 배우니?　　→ ¿**Quién** aprende español?

✔ Gabriel이 스페인어를 가르쳐.　　　➡ Gabriel enseña español.

✔ Gabriel이 스페인어를 공부해.　　　➡ Gabriel estudia español.

✔ Gabriel이 스페인어를 배워.　　　➡ Gabriel aprende español.

✔ 그녀는 누구야?　　　➡ ¿Quién es ella?

✔ 그녀는 Yessi야.　　　➡ Ella es Yessi.

[cómo의 또 다른 쓰임]

'¿Cómo + ser 동사?'는 외모나 성격을 물어볼 때 씁니다.

✔ 그는 어떤 사람이야?　　　➡ ¿Cómo es él?

✔ 그는 잘생겼어.　　　➡ Él es guapo.

✔ 그녀는 어떤 사람이야?　　　➡ ¿Cómo es ella?

✔ 그녀는 친절해.　　　➡ Ella es amable.

[qué의 또 다른 쓰임]

'¿Qué + ser 동사?'는 직업을 물어볼 때 씁니다.

✔ 너는 직업이 뭐야?　　　➡ ¿Qué eres (tú)?

✔ 나는 학생이야.　　　➡ Soy estudiante.

✔ Diego는 직업이 뭐야?　　　➡ ¿Qué es Diego?

✔ 그는 의사야.　　　➡ Él es médico.

📅 **어휘 체크** ┃ 스페인어를 보고, 알맞은 뜻에 체크 표시(√)를 해 보세요.

1	juntos	☐ 가까운	☐ 함께	2	cómo	☐ 어떻게	☐ 먹다
3	enseñar	☐ 가르치다	☐ 교육	4	inglés	☐ 영국	☐ 영어
5	casa	☐ 농촌	☐ 집	6	hoy	☐ 오늘	☐ 있다

정답 1.함께 2.어떻게 3.가르치다 4.영어 5.집 6.오늘

연습 문제

오늘 배운 내용을 완전히 내 것으로 만들어 봐요!

① 인칭대명사에 따라 빈칸에 알맞은 enseñar 동사 변화를 적어 봅시다.

enseñar

a. Yo

b. Tú

c. Usted / Él / Ella

d. Nosotros/as

e. Vosotros/as

f. Ustedes / Ellos / Ellas

② 대화를 보고 한국어 문장을 스페인어로 작문해 봅시다.

Mario: a. 그녀는 누구야?

Diana: Es Yessi.

Mario: ¿Ella es mexicana?

Diana: No, es coreana.

Mario: ¡Ah! b. 그녀는 어떤 사람이야?

Diana: Es amable y activa.

Mario: ¿Estudias español con ella?

Diana: Sí, ella enseña español muy bien.

Mario: c. 어디에서 스페인어를 가르치니?

Diana: En 시원스쿨. ¡Vamos a aprender español juntos!

a. 그녀는 누구야? ➡ _____

b. 그녀는 어떤 사람이야? ➡ _____

c. (그녀는) 어디에서 스페인어를 가르치니? ➡ _____

③ 빈칸에 알맞은 의문사를 적어 봅시다.

a. 너는 어디에서 스페인어를 가르치니?

➡ [   ] enseñas español?

b. 당신은 어떻게 지내요?

➡ [   ] está usted?

c. 너는 무엇을 공부하니?

➡ [   ] estudias?

d. 누가 스페인어를 배우니?

➡ [   ] aprende español?

④ 제시된 단어를 이용해 직접 작문해 봅시다.

> **casa** f. 집 | **francés** m. 프랑스어 | **tango** m. 탱고 | **inglés** m. 영어

* '너의 집'을 표현할 때는 '너의~'라는 뜻을 가진 단순 소유형용사 tu를 사용합니다.

a. 너의 집은 어디에 있니?　　　　　　➡ _____

b. 당신은 어떻게 프랑스어를 배우나요?　➡ _____

c. 누가 탱고를 가르치니?　　　　　　　➡ _____

d. 너희들은 어떻게 영어를 공부하니?　　➡ _____

오늘 꼭 기억해 두어야 할 문장! 완전히 내 것으로 만들어 봐요.

① ¿Quién es ella?

② ¿Cómo es ella?

③ ¿Dónde enseña (ella) español?

정답

1　a. enseño / b. enseñas / c. enseña / d. enseñamos / e. enseñáis / f. enseñan

2　a. ¿Quién es ella? / b. ¿Cómo es ella? / c. ¿Dónde enseña (ella) español?

3　a. ¿Dónde / b. ¿Cómo / c. ¿Qué / d. ¿Quién

4　a. ¿Dónde está tu casa? / b. ¿Cómo aprende francés usted? / c. ¿Quién enseña tango? / d. ¿Cómo estudiáis inglés?

Capítulo 28

¿Con quién estudias español?

너는 누구와 스페인어를 공부하니?

학습목표

스페인어 의문사는 앞에 전치사를 수반하기도 합니다. 이번 시간에는 다양한 전치사를 활용하여 '전치사 + 의문사'에 대해 배워 봅시다.

학습단어

novio m. 남자 친구 | **España** f. 스페인 | **comer** 먹다 | **hablar** 말하다 | **tomar** 마시다 | **cerveza** f. 맥주 | **descansar** 쉬다

지난 시간 복습

잠깐! 다시 떠올려 볼까요?

① 의문사 'dónde 어디', 'cómo 어떻게', 'qué 무엇', 'quién 누가'의 쓰임

의문사를 활용한 의문문에서는 '의문사 + 동사 + 주어'의 어순을 따릅니다. 의문사를 활용하면 보다 구체적이고, 다양한 의문문을 표현할 수 있습니다.

② 지난 강의 주요 표현

- ✓ 너는 어디에서 스페인어를 공부하니? → ¿Dónde estudias español?
- ✓ 너는 어디에서 스페인어를 가르치니? → ¿Dónde enseñas español?
- ✓ 너는 어떻게 스페인어를 공부하니? → ¿Cómo estudias español?
- ✓ Yessi는 어떤 사람이야? → ¿Cómo es Yessi?
- ✓ 너는 무엇을 공부하니? → ¿Qué estudias?
- ✓ Yessi는 직업이 뭐야? → ¿Qué es Yessi?
- ✓ 그녀는 누구야? → ¿Quién es ella?

오늘도 하나씩 쌓아 가기!

오늘의 숫자와 표현을 하나씩 쌓고, 오늘의 단어와 밑줄 포인트를 익혀 봅시다.

① 오늘의 숫자

숫자 28 → veintiocho	숫자 29 → veintinueve
숫자 30 → treinta	숫자 31 → treinta y uno
숫자 32 → treinta y dos	숫자 33 → treinta y tres
숫자 34 → treinta y cuatro	숫자 35 → treinta y cinco
숫자 36 → treinta y seis	숫자 37 → treinta y siete
숫자 38 → treinta y ocho	숫자 39 → treinta y nueve

② 오늘의 표현

- ✔ 건배! → ¡Salud!

③ 오늘의 단어

- ✔ 어디로부터 → de dónde
- ✔ 어디에 → a dónde
- ✔ (누구) ~와 / ~랑 → con quién
- ✔ (누구) ~를 / ~에게 → a quién
- ✔ 남자 친구 → novio

④ 오늘의 밑줄 긋기

◆ 앞에서 배웠던 '나는 한국 사람이다'를 기억하시나요? '¿De dónde eres?'는 '너는 어디 출신이니?'라는 뜻으로, 두 가지 형식으로 대답할 수 있어요.

티 전치사 'de'를 이용한 Soy de Corea. 나는 한국 출신이야.
'~ 사람'을 이용한 Soy coreano/a. 나는 한국 사람이야.

오늘의 학습

오늘은 무엇을 배워 볼까요?

❶ 오늘의 핵심 포인트

오늘은 지난 시간에 배운 의문사 앞에 전치사를 추가하여 다양한 의문문을 만들어 봅시다. 의문사를 정확하게 암기하고 있다면, 이번 시간은 크게 어렵지 않을 거예요.

[de dónde 어디로부터]

✔ 너는 어디 출신이니?   → ¿**De dónde** eres?

✔ 당신은 어디 출신이에요?   → ¿**De dónde** es usted?

✔ 저는 한국 출신이에요.   → Soy de Corea.

✔ 저는 스페인 출신이에요.   → Soy de España.

[a dónde 어디에]

✔ 너는 어디 가니?   → ¿Dónde vas?

                               = ¿**A dónde** vas?

✔ 나는 집에 가.   → Voy a casa.

✔ 나는 스페인어를 배우기 위해 시원스쿨에 가.   → Voy a 시원스쿨 para aprender español.

> **TIP** '¿A dónde vas?' 대신에 '¿Dónde vas?'라고 해도 됩니다.

[con quién (누구) ~와/~랑]

✔ 너는 누구와 스페인어를 공부하니?   → ¿**Con quién** estudias español?

✔ 나는 Yessi랑 스페인어를 공부해.   → Estudio español con Yessi.

✔ 너는 누구랑 있니?   → ¿**Con quién** estás?

✔ 나는 Yessi랑 있어.   → Estoy con Yessi.

[a quién (누구) ~를 / ~에게]

✔ 너는 누구를 사랑하니?   → ¿A quién amas?

✔ 나는 Daniel을 사랑해.   → Amo a Daniel.

✔ 나는 Alicia를 사랑해.   → Amo a Alicia.

✔ 너는 누구에게 스페인어를 가르치니?   → ¿A quién enseñas español?

✔ 나는 Daniel에게 스페인어를 가르쳐.   → Enseño español a Daniel.

연습 문제

오늘 배운 내용을 완전히 내 것으로 만들어 봐요!

❶ 대화를 보고 한국어 문장을 스페인어로 작문해 봅시다.

> **Raúl:** ¡Hola! ¿Qué tal?
> **Dana:** Bien. Gracias. ¿Y tú?
> **Raúl:** Bien.
> **Dana:** Te presento a mi novio. Él es Messi.
> **Messi:** Encantado.
> **Raúl:** Encantado. <u>a. 너는 어디 출신이야?</u>
> **Messi:** <u>b. 나는 한국 출신이야.</u>
> **Raúl:** ¡Hablas español muy bien! <u>c. 너는 어디에서 스페인어를 배우니?</u>
> **Messi:** Gracias. Estudio español en 시원스쿨.
> **Raúl:** ¿Qué vais a hacer?
> **Dana:** Vamos a tomar café. <u>d. 너는 어디에 가니?</u>
> **Raúl:** <u>e. 나는 여행하러 부산에 가.</u>
> **Dana:** ¡Qué bien! ¡Feliz viaje!
> **Raúl:** Gracias. ¡Buen fin de semana!
> **Dana y Messi:** ¡Chao!

a. 너는 어디 출신이야?　　　　➡ _____

b. 나는 한국 출신이야.　　　　➡ _____

c. 너는 어디에서 스페인어를 배우니?　➡ _____

d. 너는 어디에 가니?　　　　➡ _____

e. 나는 여행하러 부산에 가.　　➡ _____

❷ 빈칸에 알맞은 의문사를 적어 봅시다.

a. 너는 어디 출신이야?

➡ _____ eres?

b. 당신은 어디에 가나요?

➡ ⬜⬜⬜⬜⬜ va usted?

c. 너는 누구와 스페인어를 공부하니?

➡ ⬜⬜⬜⬜⬜ estudias español?

d. 당신은 누구를 사랑하나요?

➡ ⬜⬜⬜⬜⬜ ama usted?

❸ 제시된 단어를 이용해 직접 작문해 봅시다.

> comer 먹다 | España f. 스페인 | hablar 말하다 | tomar 마시다 |
> cerveza f. 맥주 | descansar 쉬다

a. 그는 스페인 출신이다.　　➡ _____

b. 너희들은 어디에 가니?　　➡ _____

c. Yessi와 맥주 마실 거야.　　➡ _____

d. 너는 누구와 밥을 먹니?　　➡ _____

e. 당신은 누구에게 말해요?　　➡ _____

f. 우리 쉬자!　　➡ _____

오늘 꼭 기억해 두어야 할 문장! 완전히 내 것으로 만들어 봐요.

❶ ¿De dónde eres?　　❷ Soy de Corea.

❸ ¿Dónde aprendes español?　　❹ ¿A dónde vas?

❺ Voy a Busan para viajar.

정답

1　a. ¿De dónde eres? / b. Soy de Corea. / c. ¿Dónde aprendes español? / d. ¿A dónde vas? / e. Voy a Busan para viajar.

2　a. ¿De dónde / b. ¿A dónde / c. ¿Con quién / d. ¿A quién

3　a. Él es de España. / b. ¿A dónde vais? / c. Voy a tomar cerveza con Yessi. / d. ¿Con quién comes? / e. ¿A quién habla usted? / f. ¡Vamos a descansar!

주요 문장 한번 더 짚고 가기!

1 ¿Dónde estudias español?

2 Estudio español en casa.

3 ¿Dónde enseña español Yessi?

4 Enseña español en 시원스쿨.

5 ¿Cómo estudias español?

6 ¿Cómo está usted?

7 ¿Cómo es ella?

8 ¿Qué comes?

9 ¿Quién aprende español?

10 ¿Qué eres (tú)?

11 ¿De dónde eres?

12 Soy de Corea.

13 ¿A dónde vas?

14 ¿Con quién estás?

15 ¿A quién amas?

Palma de Mallorca
여름 황금 휴가지, 팔마 데 마요르카섬

▲ 마요르카 대성당(Catedral de Mallorca)

발레아레스 제도(Las Islas Baleares)는 스페인 서부에 위치한, 최고의 신혼여행지로 손꼽히는 곳인데요. 이 곳은 마요르카(Mallorca), 메노르카(Menorca), 이비사(Ibiza), 카브레라(Cabrera) 등 10여 개의 섬으로 이뤄진 거대한 섬 도시입니다. 발레아레스 제도는 해변을 끼고 있는 아름다운 경치뿐만 아니라 사계절 내내 온화한 기후로 유럽인들의 사랑을 받고 있는데요. 여기에서 가장 많은 관광객들이 찾는 곳은 바로, 마요르카섬의 수도인 '팔마(Palma)'라는 지역입니다. 팔마를 대표하는 건축물로는 바로 마요르카 대성당(Catedral de Mallorca)을 빼놓을 수 없는데, 카탈루냐어로 '라 세우(La seu)'라고 불리는 이 대성당은 스페인의 대표적인 건축가 가우디가 19세기 중반 성당의 재건 사업에 참여하면서 더욱 유명해졌다고 합니다. 뿐만 아니라 이곳은 우리나라의 애국가를 작곡한 안익태 선생님의 기념비가 세워진 곳으로도 알려져 있는데요. 기념비를 비롯해서 안익태 거리, 안익태 선생이 살던 자택을 개조한 기념관까지 방문해 볼 수 있다고 하니, 마요르카 섬으로 여행을 떠나신다면 꼭 한번 들러 보셔도 좋을 것 같습니다.